Edwin Bormann

Der Anekdotenschatz Bacon-Shakespeares

Edwin Bormann

Der Anekdotenschatz Bacon-Shakespeares

ISBN/EAN: 9783743610651

Hergestellt in Europa, USA, Kanada, Australien, Japan

Cover: Foto ©Thomas Meinert / pixelio.de

Manufactured and distributed by brebook publishing software
(www.brebook.com)

Edwin Bormann

Der Anekdotenschatz Bacon-Shakespeares

DER

ANEKDOTENSCHATZ

BACON-SHAKESPEARE'S

HEITER-ERNSTHAFTE

SELBSTBEKENNTNISSE DES DICHTER-GELEHRTEN

VON

EDWIN BORMANN

VERFASSER DES „SHAKESPEARE-GEHEIMNISS"

———— ·◦•◦· ————

LEIPZIG

EDWIN BORMANN'S SELBSTVERLAG

1895

INHALT.

--- —

VERZEICHNISS DER ABBILDUNGEN UND BEILAGEN.

Zwei Unterschriften Francis Bacon's.

DIE ANEKDOTEN BACON'S,
EIN BEIBUCH ZUM SHAKESPEARE.

N den Jahren 1620 bis 1623 gab Francis Bacon, Baron von Verulam Viscount St. Alban, seine strengwissenschaftlichen Werke heraus, 1625 brachte er seine Anekdotensammlung. Habe ich mich in meinem 1894 erschienenen „Shakespeare-Geheimniss" mit den ernsthaften Theilen der Bacon'schen Wissenschaft beschäftigt, so wird es heute eben so zeitgemäss sein, die heitern Anekdoten in Bezug auf ihren Zusammenhang mit den Shakespeare-Dramen näher in's Auge zu fassen. — Die wissenschaftlichen Werke Bacon's, das haben wir an anderer Stelle gezeigt, geben uns die beste und einzig zuverlässige Handhabe zum Verständniss der tiefwissenschaftlichen Ideen in den Shakespeare-Dramen. Die Anekdoten, werden wir sehen, geben uns Aufklärung über eine Menge einzelner Charakterzüge, über eine grosse Anzahl von Personen, Scenen und Redewendungen in den Lustspielen, Historien und Tragödien, denen das Pseudonym „William Shakespeare" aufgeheftet worden ist. Die ganze Anekdotensammlung ist überhaupt nichts als ein steter Hinweis auf die Shakespeare-Dramen, ein treuer Kommentar zu der zwei Jahre früher, 1623, erschienenen Foliogesammtausgabe der 36 Dramen und zugleich eine Art Quellenwerk zu einer Reihe wichtiger Shakespeare-Gedanken, eine Art Selbstbekenntniss des Dichter-Gelehrten Bacon: so arbeitete ich. Nur auf diese Weise lässt sich der enge und fortwährende Zusammenhang mit den Shakespeare-Dramen erklären. Nur indem man zugiebt, dass Francis Bacon der Shakespeare-Dichter ist, lässt es sich begreifen, was Dr. Rawley, der Sekretär und Kaplan Bacon's, in einer späteren Ausgabe der Anekdoten (1661) sagt: „Diese Sammlung machte seine Lordschaft aus dem Gedächtniss, ohne irgend ein Buch anzurühren." —

1

280 Anekdoten, allesammt in den Shakespeare-Dramen verwandt, aus dem Kopfe zu Papier gebracht!

Wenn ich sage, dass alle diese Anekdoten im Shakespeare verwandt sind, so hiesse es Bacon's Eigenart und Kunst tief unterschätzen, wollte man glauben, die Anekdoten fänden sich alle wörtlich erzählt oder Punkt für Punkt in's Dramatische übertragen mit denselben Personennamen und Ortsnamen in den Lustspielen, Historien und Tragödien William Shakespeare's. Bacon's Hauptgedanke war, eine echte und unauflösliche Ehe *(connubium)* zwischen dem Denken und den Dingen, zwischen Hirn und Welt herzustellen *(thoughts and things, mens et mundus)*. Es ist seine Eigenart, die Dinge von den verschiedensten Seiten anzuschauen, Dinge, Gedanken und Worte zu variiren, das Für und Wider zu erwägen, gleichartige neue Dinge zu suchen *(Analogies)* und Gegensätze darzuthun *(Antitheta)*. — Z. B.: Die Königin Elisabeth des 16. Jahrhunderts in der 1. Anekdote entspricht der Königin Elisabeth des 15. Jahrhunderts in Richard III. Heinrich IV. von Frankreich in der 2. Anekdote entspricht Heinrich IV. von England in den Shakespeare-Dramen. Sir John Rainsford in der 4. Anekdote, ein Ritter und Buffone genannt, entspricht dem Ritter und Buffone Sir John Falstaff. Spielt eine Anekdote in Athen oder Sparta, so wird sie in den Shakespeare-Dramen nach London verlegt; aus dem Feldherrn und Staatsmann Themistokles wird der Feldherr und Staatsmann Bellarius; aus einer hohen einsamen Platane hier wird eine stolze luftige Ceder dort; ist dort von einem Vater die Rede, so vielleicht hier von einem Sohne; dort von einem Manne, so hier von einem Weibe; ist dort etwas positiv erzählt, so wird es hier, aber immer in demselben Sinne, negativ gegeben; wird hier mit bestimmten Farben die Bescheidenheit und Höflichkeit gemalt, so dort mit genau den entsprechenden Gegenfarben die Frechheit und Ungeschliffenheit. Immer Wechsel und immer Neues, die Form fortwährend verändert, aber immer und immer die tiefsten Gedanken, der Kern der Dinge, derselbe. Das ist die Art Bacon's.

Noch Eines. — Statt dieses Buches mit dieser Vorrede hätte vielleicht mancher Leser eine Streitschrift gegen meine sogenannten Gegner erwartet. Aber das wäre wenig im Sinne Bacon's und wenig in meinem Sinne, ist auch wohl kaum jemals mehr nöthig.

Es hat sich nämlich die eigenthümliche Thatsache herausgestellt, dass Keiner von denen, die die Federn kampfbereit in's Tintenfass tauchten, um mich mehr oder weniger artig zu befehden, dass Keiner, sage ich, von allen denen auch nur nothdürftig Bacon gelesen hatte. Wer mich aber widerlegen will, der hat die unerlässliche Pflicht, mich mit Bacon selbst zu widerlegen. Da dies in keinem einzigen Falle geschehen ist, so habe ich das Recht, jede gegnerische Äusserung wie den Schuss aus einer Kinderknallbüchse zu betrachten und ruhig meines Weges weiterzuschreiten. Hunderte von unbefangenen Gemüthern und Hunderte, die der Naturwissenschaft nahe stehen und sich in das Universalgenie eines Bacon-Shakespeare zu versenken verstehen, haben meinen wissenschaftlichen Untersuchungen ihre Zustimmung gegeben. Die Herren von der Zunft, die Herren vom „Worte", die bisher glaubten, einzig über Shakespeare urtheilen zu können, werden sich schon auch allmälig an die Wahrheit gewöhnen lernen.

HERAUSGEBERSÜNDEN.

MANCHER, der eine ältere oder neuere Sammlung der Bacon'schen „*Apophthegmes*" aufschlägt, wird sich wundern, diese oder jene Anekdote, die ich vorführe, gar nicht darin zu finden. Missverständniss und Prüderie haben von jeher viel an Bacon wie an Shakespeare gesündigt; englische, amerikanische und deutsche Herausgeber haben höchst sonderbare Dinge fertig gebracht.

Betrachten wir kurz nach einander die hauptsächlichsten Ausgaben.

Mitte December 1624 erschien, mit der Titeljahreszahl 1625, die erste Ausgabe. Sie ist von Bacon selbst besorgt und zählt 280 Anekdoten. Ihr Titel lautet: „*Apophthegmes new and old. Collected by the right honourable Francis Lo. Verulam Viscount St. Alban. London* 1625."

1658 erschien, anonym, eine Anekdotensammlung über König Jakob, König Karl, Marquis von Worcester, Francis Lord Bacon und Sir Thomas Moore. Sie bringt 163 der Bacon'schen Originalanekdoten wörtlich und in der ursprünglichen Anordnung, 21 zerstreut, 96 lässt sie weg.

1661 erschien die zweite Ausgabe der Bacon'schen Anekdoten. Dr. Rawley, der frühere Kaplan und Sekretär Bacon's, ist ihr Herausgeber. Diese Sammlung erwähnt die Ausgabe des Autors selbst (1625) gar nicht. Sie bringt 39 neue Anekdoten, lässt aber 71 der Originalanekdoten weg, bringt die Anekdoten in ganz anderer Reihenfolge, verändert den Stil, verändert einzelne Worte, verändert viele Einzelbezeichnungen und unterdrückt eine Reihe von Personennamen.

1671 erschien eine Ausgabe, der ebengenannten nachgebildet, doch nimmt sie 32 der früheren Anekdoten wieder auf, fehlen 39.

1679 gab Dr. Tenison einen neuen Band von Nachträgen zu Bacon's Werken unter dem Titel „*Baconiana*" heraus. Er bringt 27 vorher ungedruckte Ergänzungs-Anekdoten, nennt (was ja eigentlich selbstverständlich ist) die erste Ausgabe (1625) die beste, erwähnt die Sammlungen von 1658 und 1671, übergeht aber die Rawley'sche von 1661 mit völligem Stillschweigen.

1730 erschien in England*) die erste Gesammtausgabe der Werke Bacon's, *Francisci Baconi Opera Omnia*, herausgegeben von Blackbourne. Diese Ausgabe bringt alles, Echtes und Unechtes, möglichst vollständig, aber sie trennt beide Sorten nicht.

Viele der späteren Ausgaben schliessen sich an Blackbourne an. 1733 brachte Peter Shaw die erste Bacon-Gesammtausgabe in englischer Sprache. Diese Ausgabe enthält nur 219 Anekdoten, die Reihenfolge ist alphabetisch nach den Personennamen: Agathocles, Alcibiades, Alexander etc. Die Ausgabe wirft Gutes und Wenigergutes durch einander und verändert vieles.

1825 gab Montagu eine Gesammtausgabe der Werke Bacon's heraus. Er versucht eine Scheidung des Echten und Unechten, kommt aber nicht recht damit zu Stande.

1884 erschienen in deutscher Sprache „Kleinere Schriften von Lord Bacon. Übersetzt und erläutert von J. Fürstenhagen.". Den Schluss dieses Buches bilden 243 Anekdoten. Die Sammlung folgt im Wesentlichen mit allen ihren Fehlern Dr. Rawley's Ausgabe von 1661. Aus dieser Sammlung, die schon so vielerlei unterdrückt hat, werden vom deutschen Herausgeber noch absichtlich einige sogenannte „anstössige" Anekdoten weggelassen.

Die beste und einzig brauchbare moderne Ausgabe, überhaupt die erste brauchbare nach Bacon selbst, ist die von James Spedding im VII. Bande (Seite 121—186) seiner Gesammtausgabe der „ *Works of Francis Bacon*" (London 1857—1874) enthaltene. Sie ist einfach deshalb die beste, weil sie zunächst die Originalausgabe Bacon's von 1625 wiederherstellt. Sie notirt aber auch alle Veränderungen Rawley's und versäumt es nicht, alles, was Rawley, Tenison und andere später hinzugefügt haben, als Anhang gleichfalls hinzuzufügen. Man sieht aus diesem Anhange deutlich, wie viele Spreu im Laufe der Zeit unter den Weizen gemischt worden ist; denn mindestens die Hälfte von dem, was spätere Herausgeber hinzugefügt haben, ist öder, geistloser Kram.

Die nachfolgenden Betrachtungen schliessen sich durchaus an diese treffliche Ausgabe Spedding's, und damit also an den Verfasser Bacon selbst an. Wir bringen zunächst das kurze Original-Vorwort und gehen dann zur Untersuchung der Anekdoten über.

---

*) Es ist eine bisher von den Engländern mit Stillschweigen übergangene Thatsache, dass die erste und zweite Gesammtausgabe der Werke Bacon's in Deutschland veranstaltet worden sind. 1665 *Francisci Baconi Opera Omnia* in Frankfurt a. Main, 1694 *Francisci Baconi Opera Omnia* in Leipzig. Die Anekdoten, die nur in englischer Sprache vorliegen, zählen zu dem Wenigen, was in diesen deutschen Erstlings-Gesammtausgaben des grossen Briten nicht enthalten ist.

ORIGINAL-VORWORT DER AUSGABE
VON 1625.

BACON'S VORWORT.

JULIUS Caesar schrieb eine Sammlung von Anekdoten, wie aus einem Briefe Cicero's hervorgeht. Ich brauche nichts weiter zu Gunsten einer derartigen Schrift zu sagen. Es ist Schade, dass sein Buch verloren ist: denn ich vermuthe, sie waren mit Einsicht und Sorgfalt gesammelt; während die des Plutarch und Stobäus, und noch mehr die neueren, viel Hefe mit aufnehmen. Sicher sind sie von ausserordentlichem Nutzen. Es sind *„mucrones verborum"*, gespitzte Reden. Cicero nennt sie niedlich Salinen, Salzbergwerke; man kann Salz herausziehen und es herumsprengen, wo man will. Sie dienen, in zusammenhängende Rede eingeflochten zu werden. Sie dienen, bei Gelegenheit recitirt zu werden. Sie dienen, wenn man den Kern herausnimmt, und sie sich zu eigen macht. Ich habe zu meiner Erholung in der Krankheit die alten durchgesiebt, keine unterdrückt, weil sie gemein sind, (denn manche gemeine sind ausserordentlich gut,) noch wegen der Niedrigkeit der Person, sondern nur solche, die plump und flach sind; und manche neue hinzugefügt, die sonst gestorben sein würden.

ORIGINAL-WORTLAUT.

Julius Caesar did write a collection of Apophthegms, as appears in an epistle of Cicero. I need say no more for the worth of a writing of that nature. It is pity his book is lost: for I imagine they were collected with judgment and choice; whereas that of Plutarch and Stobaeus, and much more the modern ones, draw much of the dregs. Certainly they are of excellent use. They are mucrones verborum, pointed speeches. Cicero prettily calls them salinas, saltpits; that you may extract salt out of, and sprinkle it where you will. They serve to be interlaced in continual speech. They serve to be recited upon occasion of themselves. They serve if you take out the kernel of them, and make them your own. I have, for my recreation in my sickness, framed the old; not omitting any because they are vulgar, (for many vulgar ones are excellent good,) nor for the meanness of the person, but because they are dull and flat; and added many new, that otherwise would have died.

BEMERKUNG.

Rawley war es, der 1661 hierzu die Randglosse machte: *„This collection his L^p made out of his memory, without turning any book."* (Diese Sammlung machte seine Lordschaft aus dem Gedächtniss, ohne irgend ein Buch anzurühren.) Ebenso ist es Rawley, der die Überschrift *„His Lordship's Preface"* (Seiner Lordschaft Vorwort) gegeben hat. Im Übrigen betrachte man sich vor der Hand gefälligst genau den ersten Satz, das Stück von den „pointirten Reden", die in „längere Rede eingeflochten" werden können und den Schlusssatz mit den Worten *„vulgar", „dull and flat."* Wir kommen bald auf diese Vorrede zurück.

DIE BACON-JACKS
UND DIE JACKS SHAKESPEARE'S.

BACON'S 1. ANEKDOTE.

ALS Königin Elisabeth Raleigh befördert hatte, spielte sie eines Tages auf dem Virginal, und Mylord von Oxford und ein anderer Edelmann standen dabei. Nun traf sich's, dass die Leiste vor den Plektra weggenommen war, so dass die Plektra zu sehen waren: Mylord von Oxford und der andere Edelmann lächelten und wisperten ein wenig: Die Königin bemerkte es und wollte durchaus wissen Was die Ursache wäre? Mylord von Oxford antwortete; dass sie lächelten, zu sehen, dass, wenn Plektra (Jacks) aufstiegen, Köpfe niederstiegen.

ERKLÄRUNG.

Das Virginal (Mädchen-Instrument, Jungfern-Klavier) war am Hofe der Königin Elisabeth sehr beliebt. Es ist ein Spinett von der Form eines viereckigen Kastens ohne Beine, so dass es zum Spielen auf irgend einen Tisch gestellt, wohl auch zum Ständchenbringen in eine Gondel mitgenommen werden kann. Es hat Saiten und Klaviatur wie unsere modernen Pianos; aber die Saiten werden nicht, wie bei diesen und beim Clavicymbel, durch Hämmer angeschlagen, sondern, wie beim Spinett, durch Plektra gerissen, geknipst. Der Ton ist also dem Harfen- oder Zithertone, dem Pizzicatotone der Geigen, dem Guitarrentone ähnlich, dabei weit kräftiger als bei vielen, selbst in unserm Jahrhunderte construirten Hammerklavieren. Die Instrumententheile, die, an Stelle unserer jetzigen Hämmer, das Amt übernehmen, die Saiten in Schwingung zu versetzen, sind aufrechtstehende Gabeln mit einem beweglichen Mitteltheil, an dem als Anschlagzapfen wagerecht ein Stück

Federspule befestigt ist. Sie heissen deutsch: Springer, Docke, Puppe, französisch: *sautereau*, italienisch: *saltarello*, lateinisch: *plectrum*, englisch: *jack*. Über diesen Springern, quer über's Instrument, liegt die sogenannte Dockenleiste, englisch: *ledge*, die auf ihrer unteren Seite mit Tuch beschlagen ist. Der Springer steht senkrecht auf dem hinteren Theile des Tastenhebels. Wird die Taste niedergedrückt, so geht der Springer nach oben, reisst die Saite, trifft an das Tuch der Dockenleiste, wird von diesem zurückgeworfen, gleitet mit einer Drehbewegung des Mittelstücks als Dämpfer wiederum an der Saite vorbei und kehrt auf seinen ursprünglichen, gleichfalls mit Tuch gepolsterten Platz über dem hinteren Theil des Tastenhebels zurück, um jederzeit seine Thätigkeit von neuem beginnen zu können. Ist die Dockenleiste entfernt, so fallen die Springer nur infolge der Schwerkraft auf ihren Platz zurück. Werden aber die Tasten nur einigermassen stark angeschlagen, so springen diese Jacks hoch über die Saiten empor, fallen oben quer auf die Saiten nieder, und das nächste Anschlagen der betreffenden Tasten giebt, da der Springer nicht auf seinem Posten ist, keinen Ton.

Echte alte Instrumente dieser Art besitzt in Deutschland das Germanische Museum in Nürnberg, das Königliche Historische Museum in Dresden (*Johanneum*) und das reichhaltige Musikhistorische Museum von Paul de Wit in Leipzig (Thomaskirchhof 16). Die älteste Abbildung eines Virginals findet sich in der „Musica getutscht und ausgezogen durch Sebastianum Virdung" (1511). Moderne Abbildungen und Beschreibungen bieten Oscar Paul's „Geschichte des Claviers", August Reissmann's „Illustrirte Geschichte der deutschen Musik" und, in Farbendruck, „Die Perlen aus der Instrumentensammlung von Paul de Wit in Leipzig." Über die technischen Ausdrücke in englischer Sprache giebt Aufschluss George Grove's *„Dictionary of Music."* Aber auch das Instrument selbst, von dem die Anekdote erzählt, ist uns noch erhalten. *„Queen Elizabeth's Virginal"* befindet sich im South Kensington Museum in London. Es ist kostbar künstlerisch ausgestattet. Jede einzelne der Obertasten soll aus 250 Theilchen zusammengesetzt sein. Dieses Instrument ist in Buntdruck in einem Folio-Prachtwerke abgebildet, das 1888 erschienen ist: *„Hipkins and Gibb, Musical Instruments",* Tafel VIII. — Die *„plectra or jacks"*, bemerkt Grove's *„Dictionary of Music,"* „sind gewöhnlich aus Birnbaumholz gemacht" *(usually made of pear-tree).*

Diese technische Beschreibung war, der Wichtigkeit der Sache entsprechend, durchaus nöthig. Kehren wir jetzt zur Anekdote zurück. Ihr Wortspiel ist nur im Englischen recht verständlich, wo das Wort „Jack" nicht nur das Plektrum (Springer, Docke des Virginalklaviers), sondern auch den Hansnarren (Jacques, Jakob, Jäckel, Hansjäckel), den frechen, gemeinen, naseweisen, verschmitzten, dummdreisten Kerl bezeichnet. Kurz, der Scherz lässt sich eigentlich nur in der deutsch-englischen Form geniessen: Wenn Jacks aufsteigen, gehen Köpfe nieder. — Wir haben zu dieser Anekdote zunächst eine vollkommene Parallelstelle in Richard III. I, 3. Herzog Gloster, der nachherige König Richard III., giebt hier seiner Missbilligung über das Steigen geschniegelter, schmeichelnder Hofherren den Ausdruck:

Seit jeder Jack ein Edelmann geworden,
Ward mancher edle Mann zum Jack gemacht.

Königin Elisabeth, Eduards IV. Gemahlin, erwidert ihm darauf:

Ihr neidet mein und meiner Freunde Steigen.

Der Gedanke ist vollkommen gleich dem der Anekdote. Überdies hat die Königin des Dramas genau den Namen wie die Königin der Anekdote, ja sie ist sogar deren gleichnamige Urgrossmutter. Denn Königin Elisabeth ist die Tochter Heinrichs VIII., Heinrich VIII. der Sohn Heinrichs VII. und der Elisabeth von York, Elisabeth von York, die Tochter Eduards IV. und seiner Gemahlin Elisabeth, der Königin, die im Drama Richard III. (Gloster) gegenübersteht. Bedeutungsvoll ist auch die Bemerkung von Hipkins (*Musical Instruments*), dass Königin Elisabeth, die Virginalspielerin, ihren musikalischen Geschmack von Elisabeth von York geerbt habe. So steht nicht nur der Gedanke und sein Ausdruck, sondern auch die Blutsverwandschaft und der Eigenname der Königinnen und ihre musikalischen Talente in Drama und Anekdote in engster Beziehung. Auch dass dem Dichter „Richards III." der Gedanke an Musik bei dem Worte „Jacks" vorgeschwebt hat, wird niemand leugnen können, der die Worte hört, die kurz vor Glosters Auftreten fallen: Der König wünscht, Harmonie zu stiften, Stimmung herzustellen *(to make atonement)* zwischen dem Herzog Gloster und den Brüdern der Königin.

Aber damit nicht genug. Auch in der That sehen wir es an verschiedenen Stellen der Shakespeare-Dramen durchgeführt, dass Leute, die nicht nur Jacks sind, sondern auch Jack genannt werden, aufsteigen, und dass dann gleichzeitig die guten Köpfe niedergehen — und umgekehrt.

Die Anekdote führt uns zu zwei Hauptpersonen aus dem niederen Gelichter der Shakespeare-Figuren, zu John Falstaff, dem dicken Prahler, und zu John Cade, dem frechen Rebellen. Beide Strauchritter führen den Taufnamen John (Johann), und beide werden mit besonderer Vorliebe von sich selbst und von ihren Spiessgesellen Jack angeredet. Sir John Falstaff heisst in „Heinrich IV." gegen dreissig Mal Jack Falstaff, John Cade in einem Akte „Heinrichs VI." zehn Mal Jack Cade.

Zunächst Falstaff. In Heinrich IV. 2. Th. II, 2 unterzeichnet er einen Brief: „Jack Falstaff für meine Vertrauten, John für meine Brüder und Schwestern, und Sir John für ganz Europa." An anderer Stelle heisst es: „Kein stolzer Jack, wie Falstaff" und so, wie gesagt, gegen dreissig Mal. Gleich in seiner ersten Scene sehen wir das Auffahren dieses Jacks aus dem Zustande tiefster Niedergeschlagenheit. Heinrich IV. 1. Th. I, 2: „Ich muss dies Leben aufgeben, und ich will's aufgeben; bei Gott, wenn ich es nicht thue, bin ich ein Schuft", klagt Falstaff. „Wo werden wir morgen eine Börse wegschnappen, Jack?" fragt Prinz Heinrich. „Sapperment", ruft Falstaff, „wo du willst, Junge; ich bin dabei. Wenn nicht, nenne mich einen Schuft und foppe mich." Es ist das erste Mal im Stücke, dass Sir John „Jack" genannt wird. Ein leises Anschlagen der Herzensneigungen des dicken Sünders, und sofort springt er wie ein Klavierspringer (Jack) in die Höhe. — Ein zweites Beispiel. Falstaff hat sich in der Schlacht bei Shrewsbury (1. Heinr. IV. V, 4) zu Boden geworfen und todt gestellt. Prinz Heinrich ersticht Percy Heisssporn, Falstaff erhebt sich von der Erde und nennt sich den Besieger Heisssporns. „Wenn ich nicht Jack Falstaff bin, so bin ich ein Jack. Da habt ihr den Percy (er wirft Percy's Körper nieder): wenn euer Vater mir irgend eine Ehre erweisen will, gut; wenn nicht, mag er sich den nächsten Percy selber todtschlagen. Ich erwarte Graf oder Herzog zu werden, das kann ich euch versichern." Erst die nochmalige Bestätigung: ich bin ein Jack, dann das Niederwerfen eines „head" (eines guten Kopfes, des Percy, eines Häuptlings) und damit das Aufsteigen seines eigenen Hohlkopfs. — Und ein drittes Beispiel. König Heinrich IV. ist gestorben, Falstaff's Prinz hat als Heinrich V. den Thron bestiegen. Pistol ist es, der Falstaff diese Nachricht überbringt. 2. Heinr. IV. V, 3: „Süsser Ritter, du bist nun einer der grössten Männer im Reich." Und Falstaffs letzte Worte in derselben Scene: „Die Gesetze von England stehen mir zu Gebote. Gesegnet sind die, die meine Freunde gewesen sind; und Wehe dem Lord Oberrichter!" Wenn Jack steigt, fällt das bisherige Haupt der englischen Gerechtigkeit. Dass die nächste Scene das Umgekehrte bringt, der Lord Oberrichter wieder auf seinen Platz steigt und Falstaff mit seinen Gesellen gefangen wird, bestätigt nur das Spiel des Auf und Nieder, das Spiel der Taste und des Klavierspringers (Plektrums), des „head" (Chief-Justice) und des Jack (Falstaff).

Und nun zu Cade, dem Rebellen. Wie nichts im ganzen Shakespeare zufällig ist, vielmehr alles auf weiser Überlegung beruht, so auch die Namengebung. Der freche John Cade, der sich selbst emporschnellt, um dann desto schneller und sicherer zu sinken, leitet gleich in den ersten Worten, die wir aus seinem Munde vernehmen, seinen Namen

Cade vom lateinischen „cadere‘ (fallen) bez. „caedere‘‘ (fällen) ab. Heinrich VI., 2. Theil IV, 2 : „Wir John Cade, so genannt von unserm vermuthlichen Vater — denn unsere Feinde sollen vor uns niederfallen — inspirirt von dem Geiste, Könige und Fürsten niederzuwerfen" — dieser selbe John Cade, von seinen mordbrennenden Freunden Jack Cade genannt, schlägt sich selbst zum Ritter und beabsichtigt, später Lord und König zu werden. Zugleich fängt er an, nicht nur bildlich, sondern thatsächlich die Köpfe (heads) niederzuschlagen und abzuschlagen. Der Schreiber von Chatham wird gehängt, Lord Say und sein Schwiegersohn werden auf Cade's Befehl geköpft. Bald darauf ist es mit der Grösse dieses aufrührerischen Hanswursts zu Ende, er zahlt Fersengeld.

So schildert der Dichter in wenigen kraftvollen tragi-komischen Zügen durch wenige Scenen eines Aktes das Bild dieses frechen unwissenden Volksbeglückers, in dessen Namen schon zweifach, ja dreifach das Steigen und Fallen ausgedrückt ist: Jack Cade, Jack der Niederfäller und Niederfaller.

Jack Falstaff und Jack Cade sind die beiden Hauptvertreter des Namens Jack in den Shakespeare-Dramen, im übrigen kommt das Wort nur beiläufig vor, und auf diese beiden Haupt-Jacks passt in allen Hauptscenen das Charakteristikum der Anekdote, die Bacon an die Spitze seiner Sammlung stellt. — Dass sich auch ein Vergleich in Richard III. völlig damit deckt, haben wir am Eingange unserer Betrachtung gesehen. — Als wirkliche Theile eines Musikinstruments wird das Wort „jacks" im 128. Sonette desselben Dichters verwendet.

ORIGINAL-BELEGE ZUR 1. BACON-ANEKDOTE.

When Queen Elizabeth had advanced Raleigh, she was one day playing on the virginals, and my Lo. of Oxford and another nobleman stood by. It fell out so, that the ledge before the jacks was taken away, so as the jacks were seen: My Lo. of Oxford and the other nobleman smiled, and a little whispered: The Queen marked it, and would needs know What the matter was? My Lo. of Oxford answered; That they smiled to see that when Jacks went up Heads went down.

Richard III. I, 3:
Buckingham.   he (the king) desires to make atonement
*   Between the Duke of Gloster and your brothers. — — —*

Richard (Gloster).   Since every Jack became a gentleman
*   There's many a gentle person made a Jack.*
Queen Elizabeth.   You envy my advancement and my friends.

2. Henry IV. II, 2:

Jack Falstaff with my familiars, John with my brothers and sisters, and Sir John with all Europe.
    — no proud Jack, like Falstaff.

1. Henry IV. I, 2:

Falstaff. I must give over this life, and I will give it over; by the Lord, an I do not, I am a villain.

Prince Henry. Where shall we take a purse to-morrow, Jack?

Falstaff. Zounds, where thou wilt, lad; I'll make one; an I do not, call me villain, and baffle me.

1. Henry IV. V, 4:

Falstaff. If I be not Jack Falstaff, then am I a Jack. There is Percy (Throwing the body down): if your father will do me any honour, so; if not, let him kill the next Percy himself. I look to be either earl or duke, I can assure you.

2. Henry IV. V, 3:

Pistol. Sweet knight, thou art now one of the greatest men in the realm. — —

Falstaff. The laws of England are at my commandement. Blessed are they that have been my friends; and woe to my lord chief-justice!

2. Henry VI. IV, 2:

Cade. We John Cade, so termed of our supposed father, for our enemies shall fall before us, — inspired with the spirit of putting down kings and princes, —

2. Henry VI. IV, 4:

King Henry. Lord Say, Jack Cade hath sworn to have thy head.

2. Henry VI. IV, 7:

Re-enter Rebells, with the heads of Lord Say and his son-in-law.

DAS KISSEN HEINRICHS DES VIERTEN VON FRANKREICH

UND

DIE KISSEN IN „HEINRICH DEM VIERTEN" VON ENGLAND.

BACON'S 2. ANEKDOTE.

HEINRICHS des Vierten von Frankreich Königin war guter Hoffnung. Schon zwei oder drei Mal vorher hatte man geglaubt, dass die Königin in anderen Umständen wäre; nun sagte Graf Soissons, der seine Erwartungen auf die Krone stellte, zu einigen seiner Freunde, Dass es nur ein K i s s e n wäre. Das war irgendwie zu des Königs Ohr gekommen; er schwieg, bis es bei der Königin sichtbar wurde, rief den Grafen Soissons zu sich und sagte, indem er seine Hand auf der Königin Leib legte: Kommt, Vetter, es ist kein Kissen. Ja, Herr, (antwortete der Graf von Soissons) es ist ein K i s s e n für g a n z F r a n k r e i c h darauf zu s c h l a f e n.

ERKLÄRUNG.

Die Anekdote gehört zu denen, die Bacon selbst in der Vorrede als „*vulgar*" bezeichnet, und doch müssen wir in Anbetracht ihrer Wirkung auf die Shakespeare-Dramen mit Bacon sagen, sie ist „ausserordentlich gut".

Diese 2. Anekdote führt uns vom französischen Heinrich IV. zum englischen Heinrich IV. Und gab sich die 1. in der Hauptsache mit dem dicken Falstaff (Jack) ab, so beschäftigt sich die 2. zum guten

Theil mit Falstaffs plumpem Liebchen Dorothy Tearsheet (Dörtchen Lakenreisser, genannt Doll). Die gemeinere Wendung dieser historischen Kraft-Anekdote führt uns nämlich in die vorletzte Scene vom zweiten Theile Heinrichs IV. Zwei Büttel haben die Wirthin Frau Hurtig *(Quickly)* und Falstaffs Geliebte Doll (Doll bezeichnet auch gleich Jack „Puppe") festgenommen und schleppen sie durch eine Londoner Strasse.

Wirthin. Ich bitte Gott, dass die Frucht ihres Leibes zu Schaden kommen mag.

Erster Büttel. Wenn das geschieht, so wird euer Dutzend Kissen wieder vollständig sein, jetzt habt ihr nur elfe.

Der Büttel in Heinrich IV. theilt die Anschauung des Grafen Soissons gegenüber Heinrich IV. von Frankreich: es ist nur ein Kissen. — —

Aber Bacon-Shakespeare wäre nicht der feine Kopf und der grosse Dichter, wenn er nur verstände, aus Unkraut Bitterniss zu saugen. Er versteht es auch, die Säfte desselben Unkrauts in süssen Honig zu verwandeln. Schwerlich hätte er des blossen Zötchens wegen dieser Anekdote Erwähnung gethan. Aber in derselben Shakespeare-Historie spielt noch ein zweites Kissen eine Rolle. Auf diesem Kissen schläft eine Krone, die Krone von England, und daneben ein todesmüder König, ein Prinz streckt voreilig seine Hand nach dieser Krone, und wenn wir die Worte hören, die zwischen dem kranken König und seinem Sohne gewechselt werden, dann zittert uns das Herz in seinen Tiefen; der vorletzte Akt in Heinrich IV. zählt zu dem Gewaltigsten, was je eine Menschenfeder geschrieben hat.

> Setzt mir die Krone auf mein Kissen hier,

sagt König Heinrich IV. und entschlummert. Prinz Heinrich, gleich jenem Grafen Soissons lüstern nach der Krone, erscheint am Lager des Vaters. Gleich dem Grafen Soissons nennt er die Krone mit Bezug auf das Kissen einen Schlafgenossen:

> Was liegt die Krone hier auf seinem Kissen,
> Die ein so unruhvoller Bettgenoss?

Der König benutzt bald darauf das Wort „*engrossments*". Kurz, die gemeine Anekdote wird durch den Dichtergeist zu einem Meisterwerke höchster Poesie umdestillirt.

Dass Bacon beim Niederschreiben derselben mehr die Scene zwischen Vater und Sohn als die zwischen Büttel und Dirne vorschwebte, davon giebt auch das gewählte Stichwort Kunde. In der Scene mit Doll wird das Wort „*cushion*" für Kissen gebraucht; in der Scene mit der Krone und in der Anekdote das Wort „*pillow*".

ORIGINAL-BELEGE ZUR 2. BACON-ANEKDOTE.

*Henry the Fourth of France his Queen was great with child.
Count Soissons, that had his expectation upon the crown, when it was
twice or thrice thought that the Queen was with child before, said to
some of his friends, That is was but with a pillow. This had some
ways come to the king's ear; who kept it till when the Queen waxed
great; called the Count Soissons to him, and said, laying his hand
upon the Queen's belly, Come, cousin, it is no pillow. Yes, Sir,
(answered the Count of Soissons,) it is a pillow for all France
to sleep upon.*

2. Henry IV. V, 4:
Hostess. *I pray God the fruit of her womb miscarry!*
First Beadle. *If it do, you shall have a dozen of cushions
again; you have but eleven now.*

2. Henry IV. IV, 4:
King Henry. *Set me the crown upon my pillow here.*

———————————————————————

Prince Henry. *Why doth the crown lie there upon his pillow,
Being so troublesome a bedfellow?*

LEERE KÖNIGSKASSEN
UND DIE BILL DER BÖRSENFÜLLUNG.

BACON'S 3. ANEKDOTE.

ES war eine Parlamentssitzung zwischen dem Ober- und Unterhause über eine Rechnungsführer-Bill, die von den Lords zu den Gemeinen niederkam; welche Bill bat, dass die Ländereien der Rechnungsführer, die sie im Besitze hatten, als sie in ihr Amt traten, verpflichtet sein sollten, ihre Steuerrückstände an die Königin zu zahlen. Aber die Gemeinen verlangten, dass die Bill nicht zurückschauen möchte auf bereits angestellte Rechnungsführer, sondern sich nur auf spätere Rechnungsführer ausdehnen sollte. Aber der Lord Schatzmeister sagte, Nun, Ich bitte, wenn ihr eure Börse auf dem Wege verloren hättet, würdet ihr vorwärts schauen, oder würdet ihr rückwärts schauen? Die Königin hat ihre Börse verloren.

ERKLÄRUNG.

Diese Anekdote führt uns fast genau an dieselbe Stelle wie die vorige. Nur von einer einzigen Parlaments-Bill ist in allen zehn Shakespeare-Historien die Rede; und diese einzige Bill behandelt ganz denselben Gegenstand, nämlich das Füllen der leeren königlichen Kasse durch ein Rückgreifen in frühere Verhältnisse. Ganz am Schlusse des zweiten Theils Heinrichs IV. hören wir aus Prinz Johanns Munde:

Der König hat sein Parlament berufen.

Und am Anfang „König Heinrichs V." unterhalten sich zwei Kirchenfürsten, der Erzbischof von Canterbury und der Bischof von Ely, über den Hauptpunkt dieses ersten Parlaments des lustigen Prinzen, nunmehrigen Königs Heinrich V.

Canterbury. Mylord, ich sag' euch, dass dieselbe Bill
Betrieben wird —

so lauten die Anfangsworte des Stückes. Zwar handelt es sich nicht um eine Bill gegen die Rechnungsführer, sondern um eine Bill gegen die Kirche. Aber die Thatsache, der Kern, ist derselbe, die Bill soll des Königs Tasche füllen,

2

Denn all' das weltlich L a n d, das fromme Menschen
Durch Testament der Kirche zugetheilt,
Will man uns n e h m e n —

mithin ganz wie in der Bacon'schen Anekdote, wo das Recht auch
rückwirkende Kraft haben soll.

Dass nicht bloss der Gedanke des Kassenfüllens, sondern auch
das Wort „Börse" *(purse)* innig mit der Figur des Prinzen Heinz, nunmehrigen Heinrichs V., verknüpft ist, wird uns sofort erinnerlich, wenn
wir die zweite Scene des ersten Aktes im ersten Theil Heinrichs IV.
nachlesen, wo das Wort „Börse" nicht weniger als fünf Mal vorkommt.

Prinz Heinrich. Wo werden wir morgen eine B ö r s e wegschnappen,
Jack? u. s. w. u. s. w.

Und in der Pendantscene des Pendantstückes 2. Heinrich IV. I, 2,
Falstaff, der den Inhalt seiner Börse prüft und findet, dass sie an der
„Schwindsucht" leidet.

ORIGINAL-BELEGE ZUR 3. BACON-ANEKDOTE.

*There was a conference in P a r l i a m e n t between the Upper
house and the Lower, about a B i l l of Accountants, which came down
from the Lords to the Commons; which b i l l prayed, that the l a n d s
of accountants, whereof they were seized when they entered upon their
office, mought be liable to their arrears to the Queen. But the Commons
desired that t h e b i l l m o u g h t n o t l o o k b a c k to accountants that
were already, but extend only to accountants hereafter. But the Lo.
Treasurer said, Why, I pray, if you had l o s t y o u r p u r s e by the way,
would you look forwards, or would you look b a c k? The Queen hath
lost her p u r s e.*

1. Henry IV. V, 5:
Prince John. The King hath call'd his p a r l i a m e n t, my lord.

Henry V. I, 1:
Archb. of Canterbury. My lord, I'll tell you, — that self b i l l is
urg'd ...

For all the temporal l a n d s, which men devout
By testament h a v e g i v e n to the church,
Would they s t r i p f r o m u s ...

1. Henry IV. I, 2:
Prince Henry. Where shall we take a p u r s e to morrow, Jack? etc.

2. Henry IV. I, 2:
Falstaff. I can get no remedy against this c o n s u m p t i o n of the
p u r s e.

SIR JOHN'S FREIHEITSPETITION
AM KRÖNUNGSMORGEN.

BACON'S 4. ANEKDOTE.

KÖNIGIN Elisabeth ging am Morgen ihrer Krönung in die Kirche; und im grossen Saale ersuchte Sir John Rainsford (ein Ritter, der den Freimuth eines Possenreissers hatte), von weiseren Leuten angestiftet, die Königin laut; Da jetzt die schöne Zeit da sei, wo Gefangene befreit würden, so möchten auch mit den übrigen vier Gefangene ihre Freiheit bekommen, die noch immer gefangen gehalten würden. Die Königin fragte; Wer sie wären? Und er sagte; Matthäus, Markus, Lukas und Johannes, die lange eingekerkert gewesen wären in die lateinische Sprache; und nun wünschte er, sie möchten im Volke auf Englisch umhergehen. Die Königin antwortete mit einer ernsten Miene; Es wäre gut (Rainsford) man spräche erst mit ihnen selbst, um von ihnen zu erfahren, ob sie überhaupt in Freiheit gesetzt sein wollten?

ERKLÄRUNG.

Die Anekdote ist, fast Punkt für Punkt in's Dramatische übertragen, in der Schlussscene des zweiten Theils Heinrichs IV. nachzulesen. Falstaff ist, sobald er vom Tode Heinrichs IV. hört, nach London geeilt und kommt gerade noch zurecht, um seinen Prinzen auf dem Krönungswege begrüssen zu können. Diese Thatsache und der Vorname des Ritters sind also in Anekdote und Drama völlig gleichwerthig. Der Ritter Sir John Rainsford redet die Königin Elisabeth auf dem Krönungswege an — der Ritter Sir John Falstaff redet König Heinrich V. auf dem Krönungswege an. Zweck der Anrede beiderseits die Befreiung von Gefangenen; dort die bildlich gemeinte Befreiung der vier Evan-

2*

gelisten, hier die thatsächlich gemeinte Befreiung *Doll Tearsheets* (Falstaff: Ich will sie b e f r e i e n). Die Königin antwortet Sir John Rainsford mit ernster Miene und abweisend; und König Heinrich ruft dem alten Spiessgesellen die Worte zu: „I c h k e n n' d i c h, Alter, n i c h t." Bacon's Anekdote bezeichnet den Ritter als „Possenreisser" *(buffone)*, König Heinrich nennt gleich auf die eben angeführten Worte Sir John einen „N a r r e n und S p a s s m a c h e r" *(a fool and jester)*. — Sogar der lauten Anrede ist hier wie dort gedacht. Rainsford ersuchte die Königin „laut"; Pistol ruft Falstaff zu: „Gott segne deine L u n g e n, guter R i t t e r!"

Es ist bemerkenswerth, dass die Ausgabe von 1661 den Namen des Ritters und die Klammerbeifügung ganz unterdrückt und statt dessen einfach „einer ihrer Höflinge" *(one of her courtiers)* sagt. Nach dieser Ausgabe sind, wie schon oben bemerkt, viele der folgenden gearbeitet. Dass sich mit einer solchen Ausgabe weniger sorgfältig, oder eigentlich gar nicht, arbeiten lässt, dass sie nicht ausschlaggebend sein kann gegenüber der Originalausgabe des Verfassers (1625), ist selbstverständlich.

ORIGINAL-BELEGE ZUR 4. BACON-ANEKDOTE.

Anekdote 4 in der ursprünglichen Fassung (1625):

Queen Elizabeth, the morrow of her coronation, went to the chapel; and in the great chamber, Sir John Rainsford, set on by wiser men, (a knight that had the liberty of a buffone) besought the Queen aloud: That now this good time when prisoners were delivered, four prisoners amongst the rest mought likewise have their liberty, who were like enough to be kept still in hold. The Queen asked; Who they were? And he said; Matthew, Mark, Luke, and John, who had long been imprisoned in the Latin tongue; and now he desired they mought go abroad among the people in English. The Queen answered, with a grave countenance; It were good (Rainsford) they were spoken with themselves, to know of them whether they would be set at liberty?

Anekdote 4 in Rawley's Fassung (1661), von ihm als Nr. 1 gesetzt:

Queen Elizabeth, the morrow of her coronation; (it being the custom to release prisoners at the inauguration of a prince;) went to the Chapel; and in the Great Chamber, one of her courtiers who was well known to her, either out of his own motion, or by the instigation of a wiser man, presented her with a petition; and before a great number of courtiers besought her with a loud voice; That now this good time there might be four or five principal prisoners more released; those were the four Evangelists and the Apostle Saint Paul, who had been long shut up in an unknown tongue, as it were in prison; so as they could not converse with the common people. The Queen answered very gravely; That it was best first to enquire of them, whether they would be released or no.

2. *Henry IV. V, 5:*

Third Groom. They come from c o r o n a t i o n.

— — — — — — — — — — — — — — — — —

Pistol. God bless thy l u n g s, good k n i g h t.

— — — — — — — — — — — — — — — — —

Sir John Falstaff. I will d e l i v e r her.

— — — — — — — — — — — — — — — — —

King Henry. I k n o w t h e e n o t, old man: fall to thy prayers; How ill white hairs become a f o o l and j e s t e r!

-·-

DIE GRÖSSE DER HERAUSGEBER-WILLKÜR.

Der Herausgeber der Ausgabe von 1661 ist bekanntlich Dr. Rawley, Bacon's Sekretär und Kaplan. Sehen wir nun, dass in dieser 4. Anekdote der Name Sir John Rainsford und seine Bezeichnung als „Ritter" und „Buffone" ganz unterdrückt ist; sehen wir, dass Dr. Rawley die 1. Anekdote, auf die „Jacks" bezüglich und auf Sir Walter Ralegh, ganz unterdrückt; sehen wir, dass er die 2. Anekdote von der 3. abtrennt und beide weiter hinter wirft, an beliebige andere Stellen, Nr. 16 und Nr. 26 — so macht uns das begierig, näher hinzuschauen, ob nicht seine Lordschaft der Verfasser etwas Bestimmtes mit der Anordnung dieser Anekdoten und mit der Wahl der Eigennamen bezweckte, was 36 Jahre später die Herausgeberschaft Dr. Rawley's künstlich beseitigen wollte oder sollte.

✳ ✳ ✳ ✳ ✳ ✳ ✳ ✳ ✳ ✳ ✳ ✳ ✳ ✳ ✳

INTERMEZZO.

— —

WAS ERGIEBT SICH AUS DEM VORWORT UND DEN VIER ERSTEN ANEKDOTEN INSGESAMMT?

ETRACHTEN wir die vier Anekdoten insgesammt, so sehen wir, dass sie in der Hauptsache auf die Shakespeare-Historie „Heinrichs des Vierten" hinweisen. Nur zweierlei führte uns an andere Stellen der Historien. Jacks auf — Köpfe nieder; dieses pointirte Wort fanden wir fast wörtlich in Richard III. Jack Cade, Jack der Niederfäller, mit dessen Aufsteigen das thatsächliche Niederfallen von Edelmannsköpfen verbunden ist, spielt eine Rolle in Heinrich VI. Im übrigen ist das Endergebniss der Betrachtung aller Anekdoten das deutliche und ziemlich unverschleierte Hindeuten auf das Doppeldrama „Heinrich IV.", insbesondere auf den lustigen Prinzen, späteren Heinrich V., auf den drolligen Ritter Falstaff und auf dessen Liebchen. Hier ein tabellarischer Überblick über die Namens- und Gedankenübereinstimmungen der wenigen aber vielsagenden Sätze mit den Shakespeare-Historien:

Bacon.	Shakespeare.
Königin Elisabeth, Bacon's Königin.	Königin Elisabeth, die Urgrossmutter der Nebenstehenden.
Mylord von Oxford, Hofherr Elisabeths.	Graf von Oxford, eine Figur in „Richard III."
Heinrich IV. von Frankreich.	Heinrich IV. von England.
Ritter und Spassmacher Sir John Rainsford.	Ritter und Spassmacher Sir John Falstaff.
Jacks, die aufsteigenden Springer und Hohlköpfe.	{ Jack Falstaff } die aufsteigenden { Jack Cade } Hohlköpfe.
Der nach der Krone lüsterne Graf von Soissons.	Der nach der Krone lüsterne Prinz Heinrich.

Bacon.	Shakespeare.
Die Worte „*dull and flat*" neben dem Worte „*vulgar*" in der Vorrede.	Doll und Falstaff, das gemeine Liebespaar.
Das Kissen der Königin Heinrichs des Vierten.	Das Kissen mit der schlafenden Krone Heinrichs des Vierten. Das Kissen der Doll.
Die rückwirkende Parlamentsbill um Kassenaufbesserung der Königin.	Die rückwirkende Parlamentsbill um Kassenaufbesserung Heinrichs V.
Der Krönungszug der Königin Elisabeth nach der Kapelle.	Der Krönungszug Heinrichs V. nach der Kapelle.
Sir John Rainsford bittet um Befreiung von Gefangenen.	Sir John Falstaff beabsichtigt, um Befreiung von Gefangenen zu bitten.
Laut.	Mit guten Lungen.

Bemerkenswerth ist ausserdem, dass all' diese Anspielungen und Hindeutungen nicht auf das Drama oder die Dramen Heinrich IV. im allgemeinen gehen, sondern ganz besonders auf die Schlussscene des vierten Aktes und auf den fünften Akt vom 2. Theile Heinrichs IV. einschliesslich der Anfangsscene Heinrichs V. Das heisst: der Anfang der Anekdotensammlung hängt mit dem zusammen, was den Glanzpunkt der Geschichte Englands ausmacht und was einen Glanzpunkt in den Shakespeare-Historien bedeutet, die Thronbesteigung Heinrichs V.

Der innere und äussere Zusammenhang zwischen den vier Anekdoten und der Shakespeare-Historie tritt so stark zu Tage, dass an einer Absicht des Verfassers wohl kaum zu zweifeln ist. Nennt aber Bacon selbst in seiner Vorrede diese *Apophthegmata* „*mucrones verborum*" (Wortspitzen) „*pointed speeches*" (gespitzte, pointirte Reden), die wohl dazu dienen, „in länger verbundene Rede eingeflochten zu werden", so passt dies trefflich auf die Verwendung, die sie in den Dramen gefunden haben. Zudem befinden sich die Ausdrücke „*mucrones verborum, pointed speeches*" in völliger Übereinstimmung mit einer Deutung des Pseudonyms „Shakespeare". — „Schüttelspeer" oder „Wurfspiess", so deutet Ben Jonson's Einleitungsgedicht zur Folioausgabe von 1623 den Dichternamen, im engsten Zusammenhange mit dem Gedanken an wohldurchdachte feine Rede: „Mit jeder seiner wohlgesetzten und feingefeilten Zeilen scheint er eine Lanze zu schleudern in's Antlitz der Unwissenheit." Ben Jonson, der grosse Dramatiker, war der Vertraute und ein schwärmerischer Verehrer Bacon's.

Dort „gespitzte Reden" — hier ein „feinzugefeilter Wurfspeer" der Dichtung. — Auch der Titel der Sammlung „*Apophthegmes*" deckt sich hiermit zum grossen Theile.

Das griechische φϑέγμα bedeutet „Laut, Klang, Stimme, Sprache, Rede", die Vorsilbe ἀπό in Verbindung mit dem Worte hat die Bedeutung „fern, laut, gerade heraus". Die Zusammensetzung ἀπόφϑεγμα, kurz übersetzt „kluger Ausspruch, Witzwort, Sentenz, Anekdote", hat also im Grunde die Bedeutung von etwas „Fernwirkendem, Lauterklärtem, Geradeherausgesagtem, Offenkundgegebenem". Wir gehen gewiss nicht fehl, wenn wir dem Titel der Sammlung „Apophthegmes" nicht nur die Deutung „Sentenzen, Anekdoten, Witzworte", sondern auch die wörtlichere Deutung „offene Selbstbekenntnisse" geben. — —

Was bewog wohl Dr. Rawley, diesen wichtigen und vielsagenden Beginn der Anekdotensammlung zu verstümmeln? Ist es schon auffällig, dass er mit der ursprünglich 4. Anekdote beginnt und dass er darin den Namen des spasshaften Ritters Sir John Rainsford und die Bezeichnung „Ritter und Buffone" ganz unterdrückt, dass er die 2. und 3. Anekdote an andere Stellen wirft und auseinanderreisst, so werden diese Thatsachen doch von der einen völlig in Schatten gestellt, von der Thatsache nämlich, dass er die 1. Anekdote ganz beseitigt hat.

Francis Bacon, das steht für jeden fest, der der Bacon-Shakespeare-Frage mit Ernst und offenem Sinne einige Aufmerksamkeit gewidmet hat, wollte sich als Dichter verstecken. Aber es leuchtet aus vielen Stellen seiner Schriften heraus: er wollte sich verstecken nur für die, die ihn nicht verstehen konnten und verstehen sollten. Er wollte sich verstecken vor der Thorheit der Menge und vor dem Hass und Neid der Feinde. Eine Anzahl von klugen Köpfen hatte das Geheimniss durchschaut, einer Anzahl von Intimen gegenüber mochte Bacon das Visir gehoben haben. Nach seinem Tode sollte immer grösseren Mengen Gelegenheit gegeben werden, in die Geheimnisse der Bacon-Schriften und der Shakespeare-Dichtungen einzudringen. Daher das Erscheinen solcher Schriften wie die „Anekdoten" wenige Monate vor dem Tode des Autors. — Rawley war der letzte Sekretär seiner Lordschaft, Rawley hatte nach des Verfassers Tode die Papiere Bacon's in Händen. Wenn irgend einer von seinen direkten Untergebenen, so wusste Rawley etwas von dem Verhältnisse Bacon's zu den Shakespeare-Dichtungen. Rawley wusste, so gut wie wir, dass Bacon an hervorragenden Stellen seiner Bücher etwas Besonderes zu sagen pflegte. Bacon, es ist zweifellos, stellte die Anekdote von den „Jacks" und den „Köpfen" mit Absicht an die Spitze des Buches. Wenn also der frühere Sekretär Rawley 1661 diese Anekdote verschwinden lässt, so können wir nicht anders als gleichfalls bestimmte Absicht vermuthen.

Nun ist die erste Ausgabe von „William Shakespeare's Lustspielen, Historien und Tragödien" auf dem Titelblatte mit einem riesigen Brustbilde des Schauspielers William Shakespeare in Kupferstich geschmückt.

Das Bild, seinem Ausdrucke und seiner Grösse nach, wirkt durchaus wie eine Larve, und keine einzige andere Ausgabe der unsterblichen Dichtungen wagt es, dieses (das ja einzig authentische Porträt) ihren Lesern als den Dichter William Shakespeare vorzusetzen. Auf der linken Nebenseite des Haupttitels steht in grossen Lettern ein Gedicht, dessen Originallaut und dessen wörtliche, absichtlich Zeile für Zeile gegebene Übersetzung folgende sind:

To the Reader.

This Figure, that thou here seest put,
It was for gentle Shakespeare cut;
Wherein the Grauer had a strife
with Nature, to out-doo the life:
O, could he but haue drawne his wit
As well in brasse, as he hath hit
His face; the Print would then surpasse
All, that was euer writ in brasse.
But, since he cannot, Reader, looke
Not on his Picture, but his Booke.
B. I.

An den Leser.

Dies Bild (die Figur, die Chiffer), das du hierher gesetzt siehst,
　Es war für den edeln Shakespeare gestochen;
Wobei der Stecher einen Wettstreit hatte
　mit der Natur, das Leben zu übertreffen:
O hätte er doch seinen Geist schildern können
　So gut in Metall, als er getroffen hat
Sein Gesicht; der Druck würde dann übertreffen
　Alles was je in Kupfer geschrieben ward:
Aber da er das nicht kann, Leser, sieh
　Nicht auf sein Bild, sondern sein Buch.
　　　　　　　　　　B. I.

(Hierzu erste Beilage am Ende dieses Buches: Der doppelseitige Haupttitel der Londoner ersten Gesammtausgabe der Dramen von 1623, reproducirt in Folio-Originalgrösse.)

Das Wort „out-do" (austhun, übertreffen) schliesst vermuthlich wortspielerisch den Gedanken „do out" (heraus thun, vernichten) ein; wie das Wort „hit" (getroffen) am Ende der 6. Zeile an das Wort „hid" (verborgen) erinnert, das in der „Vorrede an den Leser" bald darauf eine Reimrolle spielt: „His wit can no more lie hid" (sein Geist kann nicht mehr verborgen bleiben.)

Kurz, erwägt man die zehn Gedichtzeilen recht — das Wort
„*Figure*“, das auch Chiffre und Figur bedeutet, die Klage, die Wortspiele, die Schlusswarnung, nicht auf das Bild zu sehen — was besagen
sie anders als: Schade, dass wir nicht den Kopf des wirklichen
Dichters hersetzen durften, der würde freilich anders ausgesehen haben;
der nebenstehende Shakespeare ist nur eine Maske des echten.
Und dem Inhalte dieses Titelgedichtes der Shakespeare - Folioausgabe
von 1623 entspricht im Grunde der Inhalt der ersten Anekdote der
Bacon'schen Apophthegmen vom Jahre 1625.

Die Königin sitzt am Klavier, und die Leiste über den Docken ist
weggenommen, so dass man die Mechanik freiliegen sieht; die Docken,
die „Jacks“, sind enthüllt und springen beim Anschlagen der Tasten in
die Höhe. Und nun der Scherz: wenn Jacks aufsteigen, gehen Köpfe
nieder. — Ein Jack, ein Buffone, eine Larve taucht auf dem Titelblatte der Folioausgabe empor, und der wahre Kopf des Dichters,
Francis Bacon's, hält sich in vornehmer Verborgenheit. Damit nicht
genug. Deckt sich doch auch das Wort Jack vortrefflich mit dem ge-
wählten Pseudonym Shakespeare oder Shakspere (Jack's Pierre), wie
sich der Schauspieler in seinen fünf gekrakelten Unterschriften gab, dem
Einzigen, was wir überhaupt von seiner Hand geschrieben besitzen:

Die Handschrift des Schauspielers.

Der Unterschied, dass der eine Jack sich mit J und ck, der
andere mit Sh und k schreibt, ist kein so gewaltiger, als dass ihn
nicht die heitere, vor einem Calembourg nicht zurückschreckende Muse
des grossen Dichter-Gelehrten durch ihre Wortspiele zu überbrücken ver-
stünde. Übrigens haben wir sowohl von Seiten der Dichtung wie von
Seiten der Schauspieler-Familiennamen Formen, die als Mittelglieder
zwischen Jack und Shak auftreten. Wir haben einen Jack mit S, und wir
haben zwei Shak mit ck. In Heinrich IV. 1. Theil I, 2 fragt Pointz: „Was

sagt Sir John Sekt und Zucker, Jack?) *(What says Sir John Sack and Sugar, Jack?)* Also: Sir John = Sir Jack = Sir Sack. Während wir andererseits in den Stratforder Akten das Kreuz des Vaters und die Krakelunterschrift der Mutter des Schauspielers haben, mit den von

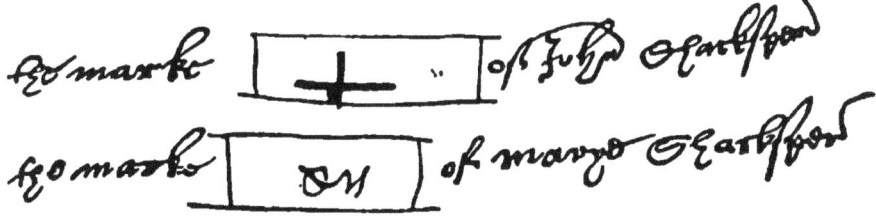

Schriftzeichen der Eltern.

Schreiberhand hinzugefügten Namensformen „John Shacksper", „Mary Shacksper", mit ck. Wir haben also alle Übergänge von Jack durch Sack zu Shack und Shak.

Indem wir als viertes Zeichen der Schreibkunst noch die Unterschrift der Schauspielerstochter Judith hinzufügen, legen wir ganz nebenbei allen

Unterschriftskrakel der Judith.

Lesekundigen, vom grössten Schriftvergleicher bis zum jüngsten ABC-Schützen, die Frage vor: Glaubt ihr wirklich, dass der grösste und gelehrteste Dichter der Welt von Eltern stammt, die nicht einmal ihren eigenen Namen schreiben konnten? Glaubt ihr wirklich, dass der grösste und gelehrteste Dichter der Welt eine Tochter hatte, die als erwachsenes Mädchen ihren Namen nicht schreiben konnte? Glaubt ihr wirklich, dass der grösste und gelehrteste Dichter der Welt diese Handschrift schrieb? Dass der Mann, von dem wir nichts Schriftliches besitzen als fünf Unterschriften, deren jede einzelne nach einer andern Methode gekrakelt scheint, glaubt ihr wirklich, dass dieser schreibunkundige Mann mit seiner schreibunkundigen Familie der Schreiber des Bandes mit 900 Folioseiten ist, die das Herz aller Leser seit Jahrhunderten erschüttert haben? Genie soll alles sein?! Man kann mit dem gummiartigen Worte Genie viel Unfug treiben.

Auch die Zeit, in der „Ralegh befördert wurde" stimmt trefflich mit dem ersten Auftauchen des Namens Shakespeare als Dichter-Pseudonym überein. Es war das letzte Jahrzehnt des sechzehnten Jahrhunderts; und 1593 erschien das Pseudonym „William Shakespeare"

unter der Widmung der „Venus und Adonis", 1594 unter „Lucretia", von
1598 an aber auf einer grossen Anzahl von Dramen, die theils neu
herauskamen, theils schon vorher, aber stets anonym, gedruckt worden
waren.

Durch die doppelte Namensdeutung wird übrigens das schon an
anderer Stelle Betonte bestätigt. Bacon wählte zwar den Namen des
Schauspielers, sich dahinter zu verstecken, aber er gab ihm eine leichte
Veränderung.

SHAKSPERE, der Schauspieler, leitet seinen Namen von JACK'S
PIERRE ab, SHAKESPEARE, der Dichter, im Wesentlichen und laut
Ben Jonson's Einleitungsgedicht, von SHAKE-SPEARE (Schüttel-Speer),
wobei ihm der Kriegsrausch der Königsdramen, der Gedanke an *„mucro-*
nes verborum, pointed speeches" und das Bild von der Lanze, die er
der Unwissenheit in's Gesicht schleudert, im Sinne gelegen hat.

Es giebt nun eine Figur in den Shakespeare-Historien, die all' das
hier über JACK, SHAKE und SPEAR Gesagte in sich vereinigt. Ich meine
den schon genannten Jack Cade. Ausser den oben angeführten Ver-
gleichspunkten mit der Jack-Anekdote bietet diese Figur nämlich noch
drei, bez. vier weitere Ähnlichkeiten mit dem Pseudonym Shakespeare.

2. Heinrich VI. III, 1 wird der Name Cade's zum ersten Male
genannt. Der Herzog von York erwägt in einem Selbstgespräche,
wie er den englischen Staat in Unruhe versetzen könne. Er will einen
falschen John Mortimer als Kronprätendenten auf die Bühne bringen
und hat dazu den rohen, starken, gewaltthätigen, unwissenden, aber
verschwiegenen Cade erwählt.

York. Und als ein Werkzeug meines Plans hab' ich
'nen schädelstarken Mann aus Kent verführt,
John Cade von Ashford;
Aufruhr zu stiften, wie er's wohl versteht,
Unter dem Namen von John Mortimer.
In Irland sah ich den unbänd'gen Cade
Sich einer Bauernschaar entgegensetzen.
Er focht so lang,
Bis dass von Wurfgeschossen ihm die Schenkel
Fast wie ein scharfgekieltes Stachelschwein;
Und, auf die letzt' gerettet, hab' ich ihn
Sehn a u f r e c h t s p r i n g e n wie ein wilder Mann,
Die blut'gen W u r f g e s c h o s s' wie Schellen s c h ü t t e l n d.
Oftmals als zottelhariger list'ger Bauer
Hat er Gespräch gepflogen mit dem Feind,
Ist, unentdeckt, zu mir zurückgekommen
Und hat berichtet ihre Bübereien.
Und dieser Teufel sei mein S t e l l v e r t r e t e r.

Darauf die Versicherung seiner Verschwiegenheit, selbst der Folter gegenüber.

Im Original:

> *York.   And for a minister of my intent*
> *I have seduc'd a headstrong Kentishman,*
> *John Cade of Ashford,*
> *To make commotion, as full well he can,*
> *Under the Title of John Mortimer.*
> *In Ireland have I seen this stubborn Cade*
> *Oppose himself against a troop of kerns,*
> *And fought so long, till that his thighs with darts*
> *Were almost like a sharp-quill'd porpentine;*
> *And, in the end being rescu'd, I have seen*
> *Him c a p e r u p r i g h t like a wild Morisco,*
> *S h a k i n g the bloody d a r t s as he his bells.*
> *Full often, like a shag-hair'd crafty kern,*
> *Hath he conversed with the enemy,*
> *And, undiscover'd, come to me again,*
> *And given me notice of their villanies.*
> *This devil here shall be my s u b s t i t u t e.*

Hier haben wir also Cade, den falschen Mortimer, als einen tanzenden „Shake-speare" eingeführt; denn „*shaking darts*" ist gleichbedeutend mit „*shaking spears*" (speerschüttelnd).

Der Morris-Tanz, Morisco-Tanz, Mauren-Tanz, Mohren-Tanz bildete einen Theil der Maispiele der Engländer. Der Tanzende hatte Schellen an den Beinen. Dass aber die Begriffe Morris-dance und Schauspieler

William Kemp tanzt den Morris-Tanz.

eng mit einander verknüpft sind, davon als Zeugniss hier die Abbildung eines Kollegen des Schauspielers William Shakespeare oder Shakspere, denn William Kemp (oder Kempt) gehörte derselben Truppe an wie William Shakespeare.

Wir haben also in Cade einen Mann, der Jack heisst, der wie ein Jack aufsteigt und der wie ein Jack, wie ein Morris-Tänzer, wie ein Schauspieler aufrecht springend Speere schüttelt.

Und nun hören wir Akt IV, Scene 7 desselben Stückes. Die Scene spielt mitten im Londoner Volksaufstande.

Dick. Die Gesetze von England sollen aus eurem Munde kommen. (Aus Jack Cade's Munde.)

John Holland (beiseite). Sapperment, dann werden's heillose Gesetze sein; denn er ward in den Mund gestochen mit einem Speer, und das ist noch nicht heil.

Dick. Only, that the laws of England may come out of your mouth.

John Holland (aside). Mass, 'twill he sore law, then; for he was thrust in the mouth with a spear, and 'tis not whole yet.

Hier also ein Speer, der, ganz wie im Bilde des Ben Jonson'schen Einleitungsgedichts der Shakespearedramen, der Unwissenheit in's Antlitz, dem frechen unwissenden Cade in's Gesicht gestossen worden ist.

Dieser Jack Cade bietet also nicht weniger als sieben Beziehungen zu der Jack-Anekdote Bacon's und zum Namen Shakespeare.

1. Jack Cade steigt wie ein Jack in einem Virginal.
2. Jack Cade's Aufsteigen ist mit dem Fallen von Edelmannsköpfen verknüpft.
3. Jack Cade leitet seinen Namen von „cadere" und „caedere", fallen und fällen, niederhauen ab.
4. Jack Cade, wie ein Schauspieler im Morris-Tanze aufrecht hüpfend (wiederum eine Jackspringerbewegung) schüttelt Speere von sich.
5. Jack Cade, der Repräsentant der frechen Unwissenheit, erhält einen Speer in's Gesicht gestossen.
6. Jack Cade wird von einem englischen Pair gebraucht, um fälschlich einen John Mortimer zu spielen.
7. Jack Cade stammt von Ashford, William Shakspere von Stratford.

Es ist kein Zweifel: dieser ehrgeizige unwissende Jack, der so viel mit Speeren zu thun hat, der den Schauspieler-Tanz aufführt, der aus Ashford stammt und auf Anstiften eines englischen Pairs die Rolle eines englischen Edelmanns spielt, hat grosse Ähnlichkeit mit einem Shakspere oder Shakespeare, oder Shacksper oder Jackspierre, der aus Stratford stammt, als Schauspieler schnell zu Wohlhabenheit und einem gewissen Ansehen gelangt und in London, auf Anstiften eines englischen Pairs Bacons, die Rolle eines englischen Dichterfürsten spielt.

Ob, und wie viel oder wie wenig die Persönlichkeit des Schauspielers William Shakespeare dem Bilde Jack Cade's oder Jack Falstaff's entsprochen hat, wagen wir nicht zu entscheiden. So viel aber ist gewiss: der D i c h t e r William Shakespeare glich diesem falschen Mortimer, diesem Speerschütteler mit aufgeschlitztem grosssprecherischem Munde n i c h t. Der wahre Dichter, das empfindet jeder Leser, glich dem edeln Widersacher der Rebellen, er glich dem Lord Say, der, philosophisch ergeben in sein Schicksal, fällt und diesem Cade und allen Cades der Zukunft die unsterblichen Worte zuruft: „Unwissenheit ist der Fluch Gottes, Wissenschaft die Schwinge, womit wir in den Himmel fliegen." *(Ignorance is the curse of God. Knowledge the wing wherewith we fly to heaven.)* — —

Die Vermuthung, Rawley habe den Eindruck des Anfangs der Anekdotensammlung verwischen wollen, und die 1. Anekdote in bestimmter Absicht beseitigt, wird durch alle dies nur bestätigt.

— —

Und jetzt noch zwei Stellen aus einem anderen Werke, wo Bacon geradezu die dramatische Poesie der Handhabung eines „Jacks" vergleicht und einem „Jack" die Vollendung dessen überträgt, was er in seinen mit eigenem Namen herausgegebenen Schriften angebahnt hat.

Da, wo Francis Bacon in seiner grossen Encyklopädie der Wissenschaften *„De Augmentis Scientiarum"* von der dramatischen Poesie spricht (Buch II, Kapitel 13) sagt er, die Schauspielkunst *(actio theatralis)* sei von grossen Philosophen wie ein „Plektrum" betrachtet worden, womit man auf den Seelen der Menschen spielt. Ersetzen wir das lateinische Wort *„plectrum"* durch das gleichwerthige englische Wort *„Jack"*, so haben wir: Schauspielkunst ist ein Jack. — Und ein zweites Mal verwendet Bacon das Wort „Plektrum" gleichfalls an höchst bedeutsamer Stelle. Da, wo er den Gesammtüberblick über die Wissenschaften beendet (Buch VIII, Kapitel 3 seiner Encyklopädie), sagt er, dies alles sei nur ein Stimmen und Klimpern der Instrumente vor dem wirklichen Konzerte, möge nun die Zither der Musen *(cithara musarum)* von andern geschlagen werden „mit besserem Finger oder Plektrum" *(meliore digito aut plectro)*. Ersetzen wir wiederum das lateinische Wort *„plectrum"* durch das gleichwerthige englische Wort *„Jack"*, so haben wir: Möge nun, was ich angebahnt habe, von einem besseren Jack harmonisch vollendet zum Ausdruck gebracht werden. — Und in demselben Jahre, wo Francis Bacon diese Worte veröffentlichte, 1623, erschien die grosse Folioausgabe der Dramen mit dem Titel „Mr. William

Shakespeare's Lustspiele, Historien und Tragödien", die, wie ich in meinem „Shakespeare-Geheimniss" dargethan habe, die wissenschaftlichen Probleme Bacon's dichterisch mit Hilfe der Phantasie weiterspinnt; denn Poesie ist, laut Bacon, „ein Theil der Wissenschaft", die Wissenschaft der „Imagination", gleichberechtigt mit der Philosophie, der Wissenschaft der Vernunft Dass die erste Ausgabe der Encyklopädie, die von 1605, diese „Jack-Plektrum"-Andeutungen nicht enthielt, dass die älteren Bearbeitungen „Heinrichs VI." die „Speerschüttel"-Andeutung und das Bild des „Speeres", der Jack Cade in's Gesicht gestossen wird, nicht enthielt, dass vielmehr alle diese „Jack-, Shake-, Spear- und Plektrum"-Andeutungen erst in den 1623 erschienenen Ausgaben an's Licht treten, ist auch sehr bemerkenswerth. All das sind neue Beweise für die Behauptung, dass Bacon selbst gegen Ende seines Lebens den Schleier mehr und mehr zu lüften suchte. So schwirren denn die Bacon- und die Shakespeare-Ausgaben letzter Hand allerorten von den verschiedenartigsten Wort- und Sinnspielen auf das Dichter- und Theater-Pseudonym „Shakespeare".

Ein Jack, ein Plektrum, wie kein zweites macht dieser Francis Bacon-Shakespeare mit seinen Dramen noch heute die Seelen der Theaterzuhörer erbeben; als Jack setzt dieser Francis Bacon-Shakespeare seine höchsten wissenschaftlichen Zukunftsprobleme so kunst- und lebensvoll in Handlung und Wohlklang um, dass wir nicht wissen, was wir an diesen wissenschaftlichen Kunstwerken mehr bewundern sollen, ihre Weisheit oder ihre Schönheit oder die Art und Weise, wie beides von einander durchdrungen ist.

Jetzt zur ruhigen Weiterbetrachtung der übrigen Anekdoten.

LICENZ,
UND WAS DER VATER FRANCIS BACON'S UND DER VATER DES PRINZEN HEINRICH DARÜBER DENKEN.

BACON'S 5. ANEKDOTE.

DER Lord Grosssiegelbewahrer Sir Nikolas Bacon ward von Königin Elisabeth um seine Meinung gefragt über eine jener Monopol-Licenzen. Und er antwortete; Wollt ihr, dass ich die Wahrheit spreche, Madame? *Licentiâ omnes deteriores sumus.* Wir werden alle schlechter durch eine Licenz.

ERKLÄRUNG.

Im ersten Falle hat Licenz die Bedeutung von „Konzession, Bewilligung, Bevorzugung", im andern die von „Freiheit, Zügellosigkeit". — Die Anekdote führt uns an dieselbe Stelle wie die vier ersten. Zunächst zu 2. Heinrich IV. IV, 4. Der sterbende König, in bitterm Vaterschmerze, fürchtet, dass sein Sohn die ungebundenste Zügellosigkeit in dem jetzt wohlgebändigten England einreissen lassen wird.

K. Heinrich IV.   Der fünfte Heinrich
        Reisst von gezähmter Zügellosigkeit *(license)*
        Den Maulkorb der Beschränkung.

Und wie Bacon, der Sohn, sich das Wort Bacon's, des Vaters, eingeprägt hat und der Nachwelt überliefert; so macht Heinrich, der Sohn, die Anschauung Heinrichs, des Vaters, zur seinigen. In der 2. Scene Heinrichs V. spricht der junge König freimüthig vor den französischen Gesandten und vor seinem eigenen Hofe die Meinung des Vaters über sein eigenes Jugendleben aus:

3

K. Heinrich V. Wir schätzten
Nie diesen armen Thron von England;
Und deshalb, fern davon, ergaben uns
Barbar'scher Zügellosigkeit *(license)*.
Immer der Hauptgedanke: *Licentiâ deteriores sumus.*

ORIGINAL-BELEGE ZUR 5. ANEKDOTE.

The Lo. Keeper, Sir Nicholas Bacon, was asked his opinion by Queen Elizabeth of one of these Monopoly Licences. And he answered: Will you have me speak truth, Madam? Licentiâ omnes deteriores sumus: We are all the worse for a licence.

2. *Henry IV. IV, 4:*
King *Henry IV. For the Fifth Henry from curb'd license plucks The muzzle of restraint.*

Henry V. I, 2:
King *Henry V. We never valu'd this poor seat of England; And therefore, living hence, did give ourself To barbarous license.*

DIE BEIDEN PACE.

BACON'S 6. ANEKDOTE.

PACE, der bittere Narr, durfte nicht zur Königin kommen, seines bittern Humors wegen. Einmal aber überredeten einige die Königin, ihn kommen zu lassen; indem sie dafür bürgten, dass er sich in Schranken halten würde. So ward er zu ihr gebracht, und die Königin sagte: Kommt, Pace; lasst uns von unsern Fehlern hören. Pace aber sagte; ich pflege nicht von dem zu sprechen, wovon die ganze Stadt spricht.

ERKLÄRUNG.

Einen solchen Narren, der aus allen „Schranken" *(compass)* ist, finden wir zunächst im Falstaff Heinrichs IV. wieder. In einer der Schänkenscenen (1. Heinrich IV. III, 3) klagt Falstaff: „Ich lebte wohl, in guten Schranken: und nun lebe ich aus aller Ordnung, aus allen Schranken." Und Bardolf bestätigt: „aus allen Schranken, aus allen vernünftigen Schranken." Und in dem Scherzspiele zwischen Prinz Heinrich und Falstaff handelt es sich um die Verbannung dieses schrankenlosen Buffone (1. Heinrich IV. II, 4).

Noch augenfälliger ist die Anekdote in Heinrich VIII. verwandt. Hier unterhalten sich Kardinal Wolsey und Kardinal Campejus über einen früheren Sekretär des Königs, „Doctor Pace". Wolsey aber widmet diesem Pace die Worte:

Heinrich VIII. II, 3.   Er war ein Narr,
          Denn durchaus wollte tugendhaft er sein.
— — — — — — — — — — — — —
          Lernt, Bruder, dies, wir leben nicht,
          Um von Gemeineren gezwickt zu werden.

Der wahrheitsliebende Narr Pace am Hofe der Elisabeth gab Namen und Vorlage für die Zeichnung des Doctor Pace in der Historie „Heinrich VIII."

3*

ORIGINAL-BELEGE ZUR 6. ANEKDOTE.

Pace, the bitter Fool, was not suffered to come at the Queen, because of his bitter humour. Yet at one time some persuaded the Queen that he should come to her; undertaking for him that he should keep compass. So he was brought to her, and the Queen said: Come on, Pace; now we shall hear of our faults. Saith Pace; I do not use to talk of that that all the town talks of.

1. Henry IV. III. 3:

Falstaff. ... *lived well, and in good compass: and now I live out of all order, out of all compass.*

Bardolf. ... *out of all compass, out of all reasonable compass.*

1. Henry IV. II, 4:

Falstaff. But for sweet Jack Falstaff ... *banish not him thy Harry's company.*

Henry VIII. II, 3:

Campejus.   *— one Doctor Pace.*

Wolsey.   ... *He was a fool;*

     For he would needs be virtuous —

       — — Learn this, brother,

     We live not to be grip'd by meaner persons.

RITTERLICHE ARMENHÄUSER.

BACON'S 7. ANEKDOTE.

MYLORD von Essex ernannte, bei der Entsetzung von Rouen, vierundzwanzig Ritter, was zu der Zeit eine grosse Sache war. Verschiedene von diesen Edelleuten waren von schwachen und kleinen Mitteln; und als es die Königin Elisabeth hörte, sagte sie, Mylord würde gut gethan haben, sein Armenhaus zu bauen, ehe er seine Ritter machte.

ERKLÄRUNG.

Auch diese Anekdote führt uns nirgends anders hin als zum Regirungsantritt Heinrichs V. in den Dramen. Kaum hat sich der Vorhang erhoben, so hören wir (Heinr. V. I, 1), dass „15 Grafen, 1500 Ritter, 6200 Esquires" ernannt werden und „100 Armenhäuser" für die Hinfälliggewordenen unter ihnen errichtet werden sollen.

Der Scherz der Königin Elisabeth diente dem Dichter, die Thaten eines ihrer Vorgänger zu beleuchten.

ORIGINAL-BELEGE ZUR 7. ANEKDOTE.

My Lo. of Essex, at the succour of Rhoan, made twenty-four knights, which at that time was a great matter. Divers of those gentlemen were of weak and small means; which when Queen Elizabeth heard, she said, My Lo. mought have done well to have built his alms-house before he made his knights.

Henry V. I, 1:

Full fifteen earls and fifteen hundred knights,
Six thousand and two hundred good esquires;
And, to relief of lazars and weak age,
Of indigent faint souls part corporal toil,
A hundred almshouses right well supplied....

FALLEN FÜR LEICHTGLÄUBIGE LORDS.

BACON'S 11. ANEKDOTE.

CAESAR Borgia, nach langer Uneinigkeit zwischen ihm und den Lords der Romagna, machte einen Vergleich mit ihnen. In diesem Vergleich war ein Artikel, dass er sie nie zu gleicher Zeit alle in Person zusammenberufen sollte. Die Meinung war, dass, wenn er bei seiner bekannten gefährlichen Natur, auf Verrath gegen sie sänne, einige frei bleiben möchten, um die übrigen zu rächen. Nichtsdestoweniger gewann er durch solche Kunst und Schönthun ihr Vertrauen, dass er sie alle zu einer Berathung nach Sinigaglia zusammenbrachte; wo er sie alle ermordete. Als diese That dem Papst Alexander, seinem Vater, durch einen Kardinal als ein glückliches, aber sehr treuloses Ding geschildert wurde, sagte der Papst; Sie wären es, die ihren Vertrag zuerst gebrochen hätten, indem sie alle zusammenkamen.

ERKLÄRUNG.

Die That Caesar Borgia's findet ihr Seitenstück wiederum im 2. Theile Heinrichs IV., und zwar Akt IV., Scene 2. Prinz Johann von Lancaster, einer der Söhne Heinrichs IV., ist mit den Rebellenführern, Lord Mowbray, Lord Hastings und Scroop, Erzbischof von York, zusammengekommen. Er besticht sie durch schöne Worte und freundliches Zutrinken von Gesundheiten, man wolle Frieden schliessen und beiderseits die Heere entlassen. Die Rebellen folgen übereilt dem Vorschlage; ihre Leute zerstreuen sich, das königliche Heer bleibt beisammen. Prinz Johann lässt die gegnerischen Führer, die er nur in eine Falle gelockt hat, als Hochverräther gefangen nehmen, um sie dem Tode zu überantworten. Die Rolle des Kardinals in der Anekdote, der die Sache für „treulos" (perfid) erklärt, übernimmt im Drama der Erzbischof: „Wollt so ihr brechen euern Eid?" Prinz Johann antwortet eben so spitzfindig wie die Schlussworte der Anekdote: Was ich versprochen habe, will ich halten; aber ihr seid Rebellen und sollt als solche bestraft werden.

Höchst albern führtet diese Truppen ihr zusammen,
Dumm hergebracht und thöricht fortgesandt.

ORIGINAL-BELEGE ZUR 11. ANEKDOTE.

Caesar Borgia, after long division between him and the Lords of Romagna, fell to accord with them. In this accord there was an article, that he should not call them at any time all together in person: The meaning was, that knowing his dangerous nature, if he meant them treason, some one mought be free to revenge the rest. Nevertheless he did with such art and fair usage win their confidence, that he brought them all together to counsel at Sinigalia; where he murthered them all. This act, when it was related unto Pope Alexander his father by a Cardinal, as a thing happy, but very perfidious, the Pope said; It was they that had broke their covenant first, in coming all together.

2. *Henry IV. IV, 2:*
Archbishop. Will you thus break your faith?

— — — — — — — — — — — — —

Prince John. Most shallowly did you these arms commence
        Fondly brought here, and foolishly sent hence!

DIE RÖMERSCHAFE.

BACON'S 25. ANEKDOTE.

ATO der Ältere pflegte zu sagen, dass die Römer wie Schafe wären; man könnte ihrer leichter eine Herde treiben als eines allein.

ERKLÄRUNG.

Der Vergleich kehrt in ähnlicher Form häufig in den Shakespeare-Dramen wieder. In Heinrich IV. (1. Th. II, 4) heisst es: „Und alle deine Unterthanen vor dir her treiben wie eine Herde Wildgänse". In Heinrich VI. (3. Th. II, 5) stellt der König Vergleiche zwischen sich und einem Schäfer, zwischen seinem Volke und einer Herde von Schafen an. Am auffälligsten aber tritt der gleiche Gedanke hervor in Julius Caesar I, 3: „Er wär' kein Wolf, säh' er nicht, dass die Römer nur Schafe sind" —: Der Wolf Caesar treibt die Herde der Römerschafe vor sich her. Der eine Römer, den Caesar nicht zu treiben vermag, ist der dürre Cassius.

Caesar. Er denkt zu viel; die Männer sind gefährlich.

ORIGINAL-BELEGE ZUR 25. ANEKDOTE.

Cato the elder was wont to say, That the Romans were like sheep: A man were better drive a flock of them, than one of them.

1. Henry IV. II, 4: and drive all thy subjects afore thee like a flock of wildgeese.

3. Henry VI. II, 5: shepherd — flock — sheep.

Jul. Caesar I, 3: He would not be a wolf,
But that he sees the Romans are but sheep.

Jul. Caesar I, 2:
He thinks too much: such men are dangerous.

DIE VOLKSBEGLÜCKER IN SPARTA UND LONDON.

BACON'S 29. ANEKDOTE.

ALS Lykurg die Staatsverfassung von Sparta v e r b e s s e r n sollte, machte einer in der Berathung den Vorschlag, dass man eine v o l l s t ä n d i g e G l e i c h h e i t i m V o l k e herstellen möchte. Lykurg aber sagte zu ihm: H e r r *(Sir)*, beginnt in Eurem eigenen H a u s e.

ERKLÄRUNG.

Die obengenannte deutsche Übersetzung giebt den Schlussworten die antike Form: „F r e u n d, beginn in d e i n e m eigenen Hause." Aber die Bacon'sche Anekdote lässt den alten Griechen Lykurg genau so reden, wie es meist in den Römer- und Griechen-Dramen Shakespeare's geschieht: Herr, Ihr, Euer. Wir werden gleich eine weitere Parallele zu diesem „*Sir*" finden. — Die Anekdote führt uns zu bekannter Stelle zurück. Nirgends tritt das Verlangen des Volkes nach vollständiger Gleichheit in den Dramen so lebhaft hervor wie in Heinrich VI., 2. Theil bei dem von Jack Cade geleiteten Volksaufstande. Der tragische Aufstand zeigt in seinen Einzelheiten eine Menge trefflicher komischer und satirischer Züge. Ganz wie Lykurg verspricht Cade (IV, 4) „Verbesserung" des Staats, ganz wie der vorlaute Rathgeber des Lykurg alle gleich machen und doch Sir in seinem eigenen Hause bleiben möchte, so will Cade „alle in eine Liveree" stecken, dass sie alle „gleich Brüdern" sind. Nur er selbst macht eine Ausnahme; er wird „König" sein, und die andern sollen ihn als „ihren Lord" verehren. Der Beginn der Gleichheit und zugleich der Beginn des eigenen Avancements Cades ist vom Dichter geistvoll in Eins verschmolzen. Cade steht den königlichen Truppen gegenüber, die unter dem Befehle

von Sir Humphrey Stafford kämpfen. „Er soll einem Manne gegenüber-
stehen", ruft Cade, „der so gut ist wie er selbst." „Ihm zu gleichen,
will ich mich augenblicklich zum Ritter schlagen. (Er kniet nieder.)
Steht auf Sir John Mortimer. (Er erhebt sich.) Nu los auf ihn!" —
John Cade, der Volksbeglücker, der kurz vorher auch noch die Versicherung abgegeben hat, dass er „aus einem ehrenwerthen Hause"
stammt, beginnt, das Wort „Gleichheit" im Munde, damit, sein
eigenes Haus zu reformiren, indem er sich „Sir" nennt. — Unter
der Verwendung ganz der nämlichen Stichworte gebraucht die Bacon'-
sche Anekdote in drolliger Weise das spöttische Wort „Sir". Die
Gleichheit ist mit einziger Ausnahme der Namen und der Zeit eine
völlige.

ORIGINAL-BELEGE ZUR 29. ANEKDOTE.

*When Lycurgus was to reform and alter the state of Sparta, in
the consultation one advised that it should be reduced to an absolute
popular equality. But Lycurgus said to him: Sir, begin it in
your own house.*

*2. Henry VI. II, 4: reformation — all in one livery —
like brothers — king I will be — their lord. He shall be encoun-
tered with a man as good as himself. To equal him, I will make
myself a knight presently. (Kneels.) Rise up Sir John Mortimer.
(Rises.) Now have at him!*

— of an honourable house.

REDNER, KLATSCHEN, WAS UNRECHTES?

BACON'S 30. ANEKDOTE.

DER Athener Phokion (ein Mann von grosser Strenge und keineswegs dem Willen des Volkes beugsam) erhielt, als er eines Tages zum Volke sprach, an einer Stelle seiner Rede Beifall. Worauf er sich zu einem seiner Freunde wandte und sagte: Was habe ich Unrechtes gesagt?

ERKLÄRUNG.

Die Hauptzüge dieser Anekdote sind in der 2. Scene des ersten Aktes von „Julius Caesar" verwandt.

Casca. Wenn das Lumpenpack von Volk ihm nicht klatschte oder zischte, je nachdem er ihnen gefiel oder missfiel, wie sie's mit den Schauspielern im Theater zu thun pflegen, bin ich kein ehrlicher Mann.

Brutus. Was sagt' er, als er wieder zu sich kam?

Casca. — — — Als er wieder zu sich kam, sagte er, Wenn er irgend etwas Unrechtes gethan oder gesagt hätte ...

Dr. Rawley's Ausgabe lässt die Anekdote weg.

ORIGINAL-BELEGE ZUR 30. ANEKDOTE.

Phocion the Athenian, (a man of great severity, and no ways flexible to the will of the people,) one day when he spake to the people, in one part of his speech was applauded: Where-upon he turned to one of his friends, and asked: What have I said amiss?

Julius Caesar I, 2:

Casca. If the tag-rag people did not clap him and hiss him, according as he pleased and displeased them, as they use to do the players in the theatre, I am no true man.

Brutus. What said he when he came unto himself?

Casca. — — — When he came to himself again, he said, If he had done or said any thing amiss, ...

HEXENFLÜCHE
AUS DEM SCHLAFZIMMER DER KÖNIGIN.

--- -

BACON'S 31. ANEKDOTE.

SIR Walter Ralegh pflegte von den Damen von König in Elisabeths Privatzimmer und Bettzimmer zu sagen; Dass sie wie Hexen wären; sie könnten Schaden thun, aber sie könnten nichts Gutes thun.

ERKLÄRUNG.

Wo das Wort „Schlafzimmer" im ganzen stattlichen Folio-Shakespeare zum ersten Male auftaucht, ist es gleichfalls das Schlafzimmer einer Königin, und gleich darauf folgt eine Verwünschung. Die Scene spielt zwischen Richard und der Witwe des Prinzen von Wales:

Richard III. I, 2:
Anna. Du taugst für keinen Ort als für die Hölle.
Gloster. Ja, einen noch, wollt Ihr ihn nennen hören?
Anna. Der Kerker.
Gloster.   Euer Schlafzimmer.
Anna. Dem Zimmer, wo du liegst, wünsch' böse Ruh' ich!

Und in derselben Tragödie der Name einer „Königin Elisabeth" mit den Begriffen „Übles thun", „behexen", „Hexe" und „Hexenkunst" zusammen:

Richard III. III, 4:
Gloster. Sei denn Eur Aug' der Zeuge ihres Übels:
Seht, wie behext ich bin; schaut her, mein Arm
Ist ausgetrocknet wie ein welker Spross:
Und das ist Eduards Weib, die arge Hexe,
Verbündet mit der Buhlen-Metze Shore,
Die so mit Hexenkunst gezeichnet mich.

„Eduards Weib" ist die „Königin Elisabeth". Wir haben hiermit (vergleiche Nr. 1) die zweite Anekdote der grossen Königin Elisabeth des 16. Jahrhunderts, die auf die Königin Elisabeth in Richard III., ihre Urgrossmutter, übertragen wird.

In Rawley's Ausgabe ist die Anekdote nicht zu finden.

ORIGINAL-BELEGE ZUR 31. ANEKDOTE.

Sir Walter Ralegh was wont to say of the ladies of Queen Elizabeth's privy-chamber and bed-chamber; That they were like witches; they could do hurt, but they could do no good.

Richard III. I, 2:

Anne. And thou unfit for any place but hell.

Gloster. Yes, one place else, if you will hear me name it.

Anne. Some dungeon.

Gloster. Your bed-chamber.

Anne. Ill rest betide the chamber where thou liest!

Richard III. III, 4:

Gloster. Then be your eyes the witness of their evil:
Look how I am bewitch'd; behold mine arm
Is, like a blasted sapling, wither'd up:
And this is Edward's wife, that monstrous witch,
Consorted with that harlot-strumpet Shore,
That by their witchcraft thus have marked me.

REISEVORBEREITUNGEN.

BACON'S 46. ANEKDOTE.

ALS Rabelais auf dem Sterbebette lag und man ihm die letzte Ölung gab, kam noch ein intimer Freund zu ihm und fragte; Wie es ihm ginge? Rabelais antwortete; Eben trete ich meine Reise an, sie haben meine Stiefel schon geschmiert.

ERKLÄRUNG.

Diesen Rabelais'schen Gedanken verkörpern, in doppeltem Gegensatze dazu, die 2. und 3. Scene des IV. Aktes aus „Maass für Maass". In der 2. Scene hören wir von einem gemeinen Verbrecher reden, der durchaus keine Spur von Reue zeigt und fast immer im Schlaf oder betrunken ist. In der nächsten Scene wird uns der Gefangene vor Augen geführt. Er wird aus dem Schlafe gerüttelt und erhält die Nachricht, sein Todesurtheil sei eingetroffen. Die Sache lässt ihn völlig gleichgiltig. Nun tritt der Herzog, als Mönch verkleidet, zu ihm, um Trost zu spenden.

Herzog (als Mönch verkleidet). Herr, von Mitleid geleitet, und da ich höre, wie schnell ihr abreisen wollt, komme ich, euch zu ermahnen, euch zu trösten und mit euch zu beten.

Barnardine. Mönch, ich mache nicht mit: ich habe die ganze Nacht fest getrunken, und ich will mehr Zeit haben, mich vorzubereiten, oder sie sollen mein Hirn mit Keulen herausschlagen: ich werde nicht zugeben, heute zu sterben, das steht fest.

Herzog. O Herr, ihr müsst: und drum ersuch' ich euch
      Schaut vorwärts auf die Reise, die ihr macht.

Barnardine. Ich schwör's, kein Mensch soll mich überreden, heute zu sterben.

Herzog. Aber hört ihr —

Barnardine. Nicht ein Wort. Wenn ihr mir was zu sagen habt, kommt in mein Gefängniss, denn da will ich heute nicht 'raus. (Geht ab.)

Herzog. Unfähig um zu leben oder sterben:
         O Kieselherz! —
        ·Ihm nach, Gesellen, fort, bringt ihn zum Block!
                    (Abhorson und Pompey gehen ab.)

Dort, in der Anekdote, sehen wir den edeln Denker, gestärkt durch
seine Weltanschauung und den Zuspruch der Kirche, wohlvorbereitet
für die grosse Reise; hier den gemeinen Schurken, auf den weder sein
Gewissen, noch der Zuspruch des Mönchs Einfluss haben, nicht im
geringsten für die Reise vorbereitet. Sehr charakteristisch ist die Anrede
des Herzogs, die das Bild der Reise so stark hervorhebt: „da ich höre,
wie schnell ihr abreisen wollt." Die starke innere Anfeuchtung des
Verbrechers wirkt ebenfalls im entgegengesetzten Sinne der Anekdote.
Rawley bringt diese Anekdote nicht.

ORIGINAL-BELEGE ZUR 46. ANEKDOTE.

*When Rabelais lay on his death-bed, and they gave him the
extreme unction, a familiar friend of his came to him afterwards,
and asked him; How he did? Rabelais answered; Even going my
journey, they have greased my boots already.*

Measure for Measure IV, 3:

*Duke (disguised as a friar.) Sir, induced by my charity, and
hearing how hastily you are to depart; I am come to advise you,
comfort you, and pray with you.*

*Barnardine. Friar, not I: I have been drinking hard all
night, and I will have more time to prepare me, or they shall beat
out my brains with billets: I will not consent to die this day, that's
certain.*

*Duke. O, sir, you must: and therefore I beseech you
       Look forward on the journey you shall go.*

Barnardine. I swear I will not die to-day for any man's persuasion.

Duke. But hear you, —

*Barnardine. Not a word: if you have anything to say to me, come
to my ward; for thence will not I to day. (Exit.)*

*Duke. Unfit to live or die: O gravel heart! —
       After him, fellows; bring him to the block.*

                    (Exeunt Abhorson and Pompey.)

DAS BILD VON ZU STRAFF UND ZU SCHLAFF GESPANNTEN SAITEN.

BACON'S 51. ANEKDOTE.

VESPASIAN fragte Apollonius, was die Ursache von Nero's Untergang wäre? Dieser antwortete; Nero konnte die Harfe gut stimmen; aber beim Regieren spannte er immer die Saiten zu hoch, oder liess sie zu schlaff.

ERKLÄRUNG.

Ein solch grausamer, wollüstiger Tyrann wie Kaiser Nero (voller Name: *Nero Claudius Caesar Drusus Germanicus)* ist der gleichnamige König „Claudius" im „Hamlet." Auch er spannt, bildlich gemeint, die Saiten bisweilen zu hoch, bisweilen zu schlaff. Denn was wollen die Schlussworte des grossen Gebets Akt III Scene 3 anders besagen? —:

König Claudius.   Herz, mit Saiten von Stahl,
       Sei weich wie Sehnen eines Neugebornen.
Hier wie dort das Schwanken zwischen den gleichen Extremen.

ORIGINAL-BELEGE ZUR 51. ANEKDOTE.

Vespasian asked of Apollonius, what was the cause of Nero's ruin? who answered; Nero could tune the harp well; but in government he did always wind up the strings too high, or let them down too low.

Hamlet III, 3:
King Claudius.   Heart with strings of steel,
*   Be soft as sinews of the new-born babe!*

DAS NACHTRÄGLICHE HERVORTRETEN DER VERFÄNGLICHEN WORTE: RICHARD DER ZWEITE, UND GEDANKEN-DIEBSTÄHLE.

BACON'S 58. ANEKDOTE.

DAS Buch von der Absetzung Richards des Zweiten, und dem Hereinkommen Heinrichs des Vierten, von dem man vermuthete, es sei von Dr. Hayward geschrieben, der dafür in den Tower gesetzt wurde, hatte die Königin Elisabeth sehr aufgebracht. Und sie fragte Mr. Bacon, der damals einer ihrer gelehrten Räthe war; Ob darin kein Hochverrath enthalten wäre? Mr. Bacon, in der Absicht, ihm einen Gefallen zu thun, und der Königin Bitterkeit mit einem Scherze zu beseitigen, antwortete; Nein, gnädige Frau, dass Hochverrath darin ist, dahin kann ich meine Meinung nicht abgeben, aber sehr viel Felonie. Die Königin dies freudig ergreifend, fragte; Wie, und worin? Mr. Bacon antwortete; Weil er viele seiner Aussprüche und Sentenzen aus Cornelius Tacitus gestohlen hat.

ERKLÄRUNG.

Dieselbe Begebenheit findet sich mit anderen Worten in einem früheren Werke von Bacon erzählt. Um's Jahr 1600 war Bacon dem heftigen Andrange von Feinden und Neidern ausgesetzt, sein Leben war bedroht, sein Name in Flugschriften geschmäht worden. In der „Vertheidigungsschrift betreffs des Grafen Essex", die er sich einige Jahre später (1603) zu veröffentlichen veranlasst sah, lautet dieselbe Geschichte, durch die er die Königin allseitig zur Milde zu stimmen sucht, folgendermaassen:

4

„Um dieselbe Zeit erinnere ich mich einer Antwort von mir in einer Sache, die einige Verwandtschaft mit des Lords Angelegenheit hatte, und die, obgleich sie von mir ausging, dann in anderer Namen umherlief. Denn Ihre Majestät, mächtig erbittert über ein Buch, das Mylord von Essex gewidmet war, nämlich eine Ge- schichte des ersten Jahres König Heinrichs des Vierten, indem sie es für ein aufreizendes Vorspiel hielt, Frechheit und Aufruhr in die Köpfe des Volkes zu setzen, sagte, sie hätte wohlbegründete Meinung, dass Hochverrath darin wäre, und fragte mich, ob ich nicht einige Stellen darin finden könnte, die als Hoch- verrath vor Gericht gezogen werden könnten; worauf ich antwortete: Hochverrath fände ich wahrlich keinen, aber Felonie sehr viel. Und als Ihre Majestät mich hastig fragte, worin, sagte ich ihr, der Autor hätte ganz offenbaren Diebstahl begangen, denn er hätte die meisten seiner Sentenzen aus Cornelius Tacitus genommen, sie in's Englische übertragen und in seinen Text hineingesetzt."

Das fragliche Werk war also ganz nach dem Rezepte der Vorrede der Bacon'schen Anekdoten gearbeitet, Sentenzen *(pointed speeches)* in längere Rede eingeflochten.

Ich habe das Verhältniss dieses Geschichtsbuches, das unter Dr. Hayward's Namen erschien, zu Bacon und zur Tragödie Richard II. in meinem „Shakespeare-Geheimniss" des Näheren erörtert (Seite 277—282). Die vielsagende Wendung: „eine Sache, die, obgleich sie von mir ausging, dann in anderer Namen umherlief" ist in der Anekdoten- sammlung von 1625 weggelassen. Dagegen finden wir hier die nicht ganz unzweideutige Phrase: „Mr. Bacon, in der Absicht, ihm einen Gefallen zu thun . . ." Der Dr. Hayward ist so viel weiter oben genannt und der Name Bacon an der betreffenden Stelle so in den Vordergrund getreten, dass man sich unwillkürlich fragt: wem einen Gefallen zu thun? Sich selbst, Bacon? oder Hayward? Oder beiden?

Das aber, was uns als Unterschied besonders auffällt, ist die Art der Bezeichnung des Geschichtswerkes, das den Zorn der Königin erregt hatte. 1603 heisst es: „eine Geschichte des ersten Jahres König Heinrichs des Vierten", die Hauptsache dieses ersten Jahres aber und zugleich der Titel der Shakespeare-Tragödie, die den Unwillen der Elisabeth erregt hatte (Ich bin Richard, hatte sie ausgerufen), war: die Entthronung dieses unglücklichen Königs Richard des Zweiten. Im Jahre 1625 hat Bacon keinen Grund mehr, die Angelegenheit, „die von ihm ausging", so tief zu verschleiern wie 1603; er nennt das Werk: „Das Buch von der Absetzung Richards des Zweiten, und dem Herein- kommen Heinrich's des Vierten." Ich übersetze absichtlich die Worte *„the coming in"* mit „Hereinkommen" weil sie sich in Verbindung mit dem 1603 gebrauchten Worte „*story*" (Geschichte) an der betreffenden Stelle in der Tragödie „Richard II." wieder angewandt finden:

Richard II. V, 2:

Herzogin York.　Ihr wolltet mir, Mylord, den Rest erzählen,
　　　　　　　Da brachen eure Thränen die G e s c h i c h t e ab
　　　　　　　Von unsrer beiden Vettern Londoner E i n z u g.

(Geschichte: *story;* Einzug in London, Hereinkommen nach London: *coming into London*).

Aber nicht genug, dass Bacon mehr und mehr den Schleier von der Angelegenheit lüftet, auch die Hauptgedanken der Anekdote sind, wie die aller übrigen, von ihm in den Shakespeare - Dramen künstlerisch verwandt und „in längere Rede" eingeflochten worden.

Denn der Gedanke: „Gedanken stehlen, Ideen stehlen, Aussprüche stehlen" ist selbstverständlich dem Shakespeare - Dichter ebenso geläufig wie dem Manne, der der Königin in der Anekdote gegenübersteht.

Sommernachtstraum I, 1:

Egeus.　Du s t a h l s t den E i n d r u c k i h r e r P h a n t a s i e.
　　　(D. h. du stahlst ihre Ideenwelt.)

Kaufmann von Venedig II, 1:

Prinz von Marocco:　　　　Nicht ändern würd' ich meine Farbe
　　　　　　　　　Als einzig, holde Königin, zu s t e h l e n
　　　　　　　　　Deine G e d a n k e n.

Und an dritter Stelle sogar das Sentenzen - Stehlen —:

Heinrich V. I, 1:

Erzbischof von Canterbury.　　　　Wenn er spricht,
　　　Ist still die Luft — — —
　　　Zu s t e h l e n seine honigsüssen S p r ü c h e. *(sentences.)*

ORIGINAL-BELEGE ZUR 58. ANEKDOTE.

The book of d e p o s i n g R i c h a r d t h e s e c o n d, and the coming in of Henry the fourth, supposed to be written by Dr. Hayward, who was committed to the Tower for it, had much incensed queen Elizabeth. And she asked Mr. Bacon, being then of her learned counsel; Whether there were no treason contained in it? Mr. Bacon intending to do him a pleasure, and to take off the Queen's bitterness with a jest, answered; No, madam, for treason I cannot deliver opinion that there is any, but very much felony. The Queen apprehending it gladly, asked; How, and wherein? Mr. Bacon answered; Because he had s t o l e n many of his s e n t e n c e s and c o n c e i t s out of Cornelius Tacitus.

✳

4*

Aus der „*Apology concerning the Earl of Essex.*" Bacon's ges. Werke (Spedding's Ausgabe) Band X., Seite 149 und 150:

> *About the same time I remember an answer of mine in a matter which had some affinity with my Lord's cause, which though it grew from me, went after about in others' names. For her Majesty being mightily incensed with that book which was dedicated to my Lord of Essex, being a story of the first year of King Henry the fourth, thinking it a seditious prelude to put into the people's heads boldness and faction, said she had good opinion that there was treason in it, and asked me if I could not find any places in it that might be drawn within case of treason: whereto I answered: for treason surely I found none, but for felony very many. And when her Majesty hastily asked me wherein, I told her the author had committed very apparent theft, for he had taken most of the sentences of Cornelius Tacitus, and translated them into English, and put them into his text.*

Richard II. V, 2:

Duchess of York.　My lord, you told me you would tell the rest,
　　　　　　　　When weeping made you break the story off.
　　　　　　　　Of our two cousins coming into London.

A Midsummer-Night's Dream I, 1:

Egeus.　And stol'n th' impression of her fantasy
　　　　With bracelets of thy hair, rings, gauts, conceits ...

The Merchant of Venice II, 1:

Prince of Morocco.　　　　　I would not change this hue,
　　　　　　　Except to steal your thoughts, my gentle queen. .

Henry V. I, 1:

Archbishop of Canterbury.　　　　When he speaks,
　　　　The air — — — —　　　is still,
　　　　To steal his sweet and honey'd sentences.

ZWEI STILISTEN
MIT MANGELHAFTEM SPRACHMÖRTEL.

BACON'S 63. ANEKDOTE.

NERO pflegte von seinem Lehrer Seneka zu sagen; Dass sein Stil wie Mörtel von Sand wäre ohne Kalk.

ERKLÄRUNG.

Das Seitenstück zu diesem unvollkommenen Stil, nämlich eine Ausdrucksweise wie Mörtel mit Kalk, dem Sand fehlt, finden wir im „Sommernachtstraum" in der redenden Wand, die der wackere Spiessbürger Snout darstellt. Der Mörtel dieser Wand besteht aus „lime and hair" (aus Kalk und Haar, also wohl Borsten oder Stroh?). Und nachdem die Wand ihr Sprüchlein hergesagt hat, scherzt der zuschauende Fürst ganz ähnlich Nero über seinen Lehrer Seneka: „Könnt wünschen ihr, dass Kalk und Haar noch besser sprechen?" — Kein Zweifel, hier wie dort der unvollkommene Stil einem unvollkommenen Mörtel verglichen; dort ein blosses Bild aus Nero's Munde, hier in dramatische Wirklichkeit umgesetzt: eine brüchige, löcherige Wand, die in einem höchst mangelhaften Stile redet.

ORIGINAL-BELEGE ZUR 63. ANEKDOTE.

Nero was wont to say of his master Seneca: That his stile was like mortar of sand without lime.

A Midsummer-Night's Dream V, 1:
Would you desire lime and hair to speak better?

DIE SÄUBERUNG
DER EDELMANNSKLEIDER.

BACON'S 64. ANEKDOTE.

SIR Henry Wotton pflegte zu sagen, die Kritiker glichen den Ausbürstern von Edelmannskleidern:

ERKLÄRUNG.

Zunächst die Bemerkung, dass sich das Wort „Kritisiren" nicht, wie meist in der Gegenwart, immer auf literarische Dinge zu beziehen braucht. Der Gedanke der Anekdote, in's Dramatische umgesetzt, beginnt die grosse Aufstandscene in Heinrich VI., 2. Theil IV, 2:

Bevis. Ich sage dir, Jack Cade der Tuchmacher denkt den Staat aufzustutzen und zu wenden und ihm die Wolle von neuem zu krausen.

John Holland. Das thut ihm Noth, denn er ist fadenscheinig. Nun, das sag' ich, es gab kein lustiges Leben mehr in England, seit die Edelleute aufkamen.

Dort das Wort „clothes" (Kleider, Tuche), hier das Wort „clothier" (Tuchmacher); beiderseits das Kritisiren von Edelleuten; dort der Vergleich des Ausbürstens, hier der noch kräftigere der völligen Neugestaltung des Tuches.

Wir sehen hier wieder, wie so oft, dass der Dichter Bacon die Gedanken immer noch handgreiflicher, noch drastischer gestaltet als der Gelehrte Bacon. Er setzt Gedanken in Thaten um, er stiftet die Ehe zwischen dem Denken und den Dingen.

Überdies in der 7. Scene Cade zu Lord Say:
Ich bin der Besen, der den Hof rein kehren muss von solchem Koth wie du bist.

ORIGINAL-BELEGE ZUR 64. ANEKDOTE.

Sir Henry Wotton used to say, That critics are like brushers of noblemen's clothes.

2. *Henry VI. IV, 2:*

Bevis. I tell thee, Jack Cade the clothier means to dress the commonwealth, and turn it, and set a new nap upon it.

John Holland. So he had need, for 'tis threadbare. Well, I say it was never merry world in England since gentlemen came up.

2. *Henry VI. IV, 7:*

Cade. I am the besom that must sweep the court clean of such filth as thou art.

WIE DER GELEHRTE JURIST BACON UND DER GELEHRTE LORD OBER-RICHTER IN HEINRICH DEM VIERTEN ÜBER PLATZ UND AUTORITÄT DENKEN UND DER MAJESTÄT GEGENÜBER SPRECHEN.

BACON'S 65. ANEKDOTE.

KÖNIGIN Elisabeth hatte sich über einen hohen Beamten zu entscheiden und war durch einige, die für andere wirkten, in Zweifel gesetzt über die Person, die sie befördern sollte. Da rief sie Mr. Bacon und sagte ihm; Sie wäre wie jemand, der mit einer Laterne einen Mann suchte; dabei schien sie unbefriedigt in der Auswahl, die sie unter Männern für jenen Platz hatte: Mr. Bacon antwortete ihr; Dass er gehört hätte, wie in alter Zeit gewöhnlich der jüngste Tag auf die Kirchenmauern gemalt worden wäre, und Gott zu Gericht sitzend, und St. Michael neben ihm mit einer Wage; und die Seele und die guten Thaten in der einen Schale, und die Fehler und die bösen Thaten in der andern; und die Seelenschale ging als viel zu leicht in die Höhe: Da war nun unsere Liebe Frau gemalt mit ein Paar grossen Rosenkränzen, die sie in die leichte Wage warf, um das Gewicht voll zu machen: so (sagte er) wären Platz und Autorität, die in ihren Händen zu vergeben wären, wie unserer Lieben Frau Rosenkränze, die, obgleich die Menschen durch verschiedene Unvollkommenheiten vorher zu leicht wären, wenn sie in die Wagschale geworfen würden, das Gewicht hinreichend machten.

ERKLÄRUNG.

Das Seitenstück hierzu die herrliche Scene zwischen dem jungen Heinrich V. und dem Lord Oberrichter von England (2. Heinrich IV. V, 2). Der Oberrichter, der Prinz Heinrich als Kronprinzen mit unerschütterlichem Gerechtigkeitssinn in's Gefängniss geworfen hat, tritt dem jungen Herrscher zum ersten Male gegenüber. Heinrich wirft ihm sein Thun vor. Der Oberrichter entgegnet, dass er damals die Person seines Vaters vertreten habe, das Bild der Macht sei ihm aufgeprägt gewesen durch seinen Platz und seine Autorität. Er erwägt, ob die That gut oder böse gewesen sei; Ihr, spricht er zum König, tragt jetzt den Kranz („garland" ist Kranz, Gewinde, Krone, aber auch Rosenkranz). Was habe ich gethan, so fragt er, das meinem Platze, meiner Person oder meines Fürsten Hoheit nicht angemessen war? Und der junge König gebraucht das Bild der Wage: ihr habt es wohl erwogen, behaltet Wage und Schwert (die Attribute des Erzengels Michael), ich bin glücklich, dass ich einen so gerechten Mann gefunden habe. Wörtlich:

2. Heinrich IV. V, 2:

Lord Oberrichter.   Damals
> Vertrat ich die Person von eurem Vater;
> Das Abbild seiner Macht, es lag in mir,
> Und während ich geschäftig für's Gemeinwohl,
> Geruhte eure Hoheit meinen Platz,
> Die Majestät und Vollmacht zu vergessen
> Von dem Gesetz und der Gerechtigkeit,
> Das Bild des Königs, welchen ich vertrat,
> Und schlug mich, mitten auf dem Richtersitze;
> Worauf, als den Beleid'ger eures Vaters,
> Kühn Weg ich gab der Amts-Autorität
> Und euch verhaften liess. Wenn schlecht die That war,
> Dann seid zufrieden, tragt ihr selbst den Kranz
> Und habt 'nen Sohn, der eures Rechtsspruchs spottet,
> Der nieder reisst von würd'ger Richterbank
> Das Recht — — —
> Was that ich, das nicht meinem Platz geziemt,
> Meiner Person und meines Fürsten Hoheit?

König Heinrich.
> Recht habt ihr, Richter, und erwägt dies wohl;
> Drum tragt die Wage weiter und das Schwert:
> Und mögen eure Ehren immer wachsen,
> Bis dass ihr lebt, 'nen Sohn von mir zu sehn,
> Der euch beleidigt und gehorcht wie ich.

Dann werd' ich meines Vaters Worte sprechen:
„Glücklich bin ich, solch kühnen Mann zu haben,
Der Recht zu üben wagt an meinem eignen Sohn . . ."

Die tiefste Gedankengleichheit ist eine völlige: Platz und Autorität in die Wagschale des Rechts geworfen, und beidemal, hier der Lord Oberrichter, dort Bacon, der treue Rechtsgelehrte, der im Angesichte der Majestät diese Meinung vertritt.

Es sind je 180—190 Worte, die wir beiderseits in Betracht gezogen haben. Dabei zeigen sich nicht weniger als folgende Einzelgedanken-, bez. Gedanken- und Wort-Übereinstimmungen (mehrere Worte wiederholen sich beiderseits doppelt):

Bacon.	Shakespeare.
Königin Elisabeth	König Heinrich V.
ein hoher Beamter einzusetzen	Lord Oberrichter einzusetzen
Person	Person
einen Mann suchen	glücklich, einen Mann zu haben
gemalt	Bild
jüngstes Gericht	Macht, Gesetz, Gerechtigkeit, Richtspruch, Recht
zu Gericht sitzend	Richtersitz
St. Michael	ein Mann mit Schwert und Wage
Wage	Wage
üble That	böse That
Rosenkränze *(beads)*	Rosenkranz *(garland)*
Gewicht	wägen
Platz	Platz
Autorität	Autorität

ORIGINAL-BELEGE ZUR 65. ANEKDOTE.

Queen Elizabeth, being to resolve upon a great officer, and being by some, that canvassed for others, put in some doubt of that person whom she meant to advance, called for Mr. Bacon, and told him: She was like one with a lanthorn seeking a man; and seemed unsatisfied in the choice she had of men for that place. Mr. Bacon answered her: That he had heard that in old time there was usually painted on the church walls the Day of Doom, and God sitting in judgement, and St. Michael by him with a pair of balance; and the soul and the good deeds in the one balance; and the faults and the evil deeds in the other; and the soul's balance went up far too light; Then was our Lady painted with a great pair of beads, casting them into the light balance, to make up the weight: so (he said) place and authority, which were in her hands to give, were like our lady's beads, which though men, through divers imperfections, were too light before, yet when they were cast in, made weight competent.

2. *Henry IV. V, 2:*

Chief-Justice. I then did use the person of your father;
The image of his power lay then in me:
And in th'administration of his law,
Whiles I was busy for the commonwealth,
Your highness pleased to forget my place,
The majesty and power of law and justice,
The image of the king whom I presented,
And struck me in my very seat of judgment;
Whereon, as an offender to your father,
I gave bold way to my authority,
And did commit you. If the deed were ill,
Be you contented, wearing now the garland,
To have a son set your decrees at naught,
To pluck down justice from your awful bench . . .
— — speak — —
What I have done that misbecame my place,
My person, or my liege's sovereignty.

King Henry. You are right, justice, and you weigh this well;
Therefore still bear the balance and the sword:
And I do wish your honours may increase,
Till you do live so see a son of mine
Offend you, and obey you, as I did.
So shall I live to speak my father's words:
„Happy am I, that have a man so bold
That dares do justice on my proper son . . ."

POTPOURRI.

ES kann nicht die Absicht dieses Buches sein, dem Leser die volle Anzahl von 280 Anekdoten in deutscher und englischer Sprache nebst allen Shakespeare-Parallelstellen und Erklärungen vorzuführen. Halten wir jetzt eine kurze Weile flüchtigere Umschau. Sie wird uns in der Schnelle eine Anzahl wichtiger Gesichtspunkte bieten. Wen ein oder der andere besonders interessirt, der mag in seinem Shakespeare und in seinem Bacon selbst genauer hinschauen.

Die 9. Anekdote erzählt von der Sanftmuth der Königin Anna Bullen angesichts ihres Todes. „Empfehlt mich dem Könige" *(Commend me to the King)*, so beginnt Anna den vergebungsvollen Gruss, den sie durch seinen Abgesandten dem Könige entbieten lässt. Ganz so in „Heinrich dem Achten" IV, 2 die Scene zwischen der todtkranken Königin und Capucius, dem Abgesandten ihres Gemahls. Dieselbe Situation, dieselbe Stimmung, auch ähnlich klingende Worte (empfehlen, erinnern — *commend, remember)*, auch der König derselbe; nur statt Anna Bullen ihre Vorgängerin Katharina.

Die 33. Anekdote erzählt von einem grossen „Sturm" *(tempest)*, von Matrosen *(mariners)*, die gottlose wüste Burschen *(fellows)* sind und die beginnen, die Götter anzuflehen. Ein Weiser ist mit auf dem gefährdeten Schiffe. Das erste Drama der grossen Shakespeare-Folioausgabe von 1623 ist „Der Sturm" *(The Tempest)*, die erste Scene ein Schiffbruch. Der alte ehrliche Rath Gonzalo sagt von dem Bootsmann, der Bursche *(fellow)* habe ein Galgengesicht, und die Matrosen werden als Säufer bezeichnet. Dazwischen hört man die durchnässten Matrosen rufen: „Alles verloren! betet, betet! alles verloren!" *(Mariners. All lost! to prayers, to prayers! all lost.)*

Auch schon die vorhergehende Anekdote Nr. 32 erzählt uns von Stürmen *(tempests)*, Schiffbruch *(shipwrack)*, von gerettet *(saved)* und ertrunken *(drowned)* und von Gelübden *(vows)* gegen die Götter; führt uns also gleichfalls in die Ideenwelt des ersten Aktes vom ersten Shakespeare-Drama „The Tempest".

Die 37. Anekdote erzählt, dass ein Philosoph von der Natur des Cajus *(Caligula)* gesagt habe: „Dass er Schlamm wäre, gemischt mit

Blut" *(That the was mire mingled with blood.)* — Der Gedanke, dass
die Menschennatur eine Mischung von Schlamm, von Staub, von Schmutz
und etwas Edlerem ist, eine Mischung von Körperlichem und Geistigem,
eine Mischung von höheren und niederen Elementen, kehrt oft in den
Shakespeare - Dramen wieder. Auch das Wort „Blut" steht wiederholt
in inniger Verbindung mit dem Worte mischen *(mingle, commingle)*.
In „Richard II." I, 1 wird der Mensch „vergoldeter Lehm", „bemalter
Schmutz" genannt *(gilded loam, painted clay)*. In „Heinrich IV. 2. Th."
I, 2 lesen wir: „dieser närrisch - zusammengesetzte Staub, Mensch"
(this foolish - compounded clay, man). In der „Komödie der Irrungen"
II, 2: „Mein Blut ist gemischt mit dem Verbrechen der Lust" *(My
blood is mingled with the crime of lust.)* In „Heinrich IV. 2. Th."
IV, 4: „Ihr Blut, gemischt mit Gift von fremder Eingebung" *(Their
blood, mingled with venom of suggestion)*. In „Hamlet" III, 2: „Gesegnet
die, in denen Blut und Urtheil sind so gut gemischt" *(Blest those whose
blood and judgment are so well commingled)*. Endlich in „Julius
Caesar" V, 5:

> Die Elemente so in ihm gemischt,
> Dass aufstehn konnte die Natur und sagen
> In alle Welt: Das war ein Mann!

> *the elements*
> *So mix'd in him, that Nature might stand up*
> *And say to all the world, „This was a man!"*

Die 105. Anekdote erzählt von einem grossen Zauberer, einem
Schwarzkünstler *(a great necromancer)*, der die Bücher liebte. Ein solcher
Bücherfreund und mächtiger Zauberer ist Prospero im „Sturm". In der
Anekdote heisst dieser Zauberer Alonso. Derselbe Eigenname „Alonso"
ist zur Bezeichnung der Figur des Königs von Neapel im Lustspiel
„Der Sturm" verwandt.

Die 112. Anekdote nennt die Menschen „lebende Tempel" *(living
temples)*. Im „Sturm" I, 2 spricht Miranda in Bezug auf den Prinzen
Ferdinand: „Nichts Böses kann in solchem Tempel wohnen" *(There's
nothing ill can dwell in such a temple)*. In „Hamlet" I, 3 wird der
Körper der „Tempel" von Geist und Seele genannt.

Die 118. Anekdote erzählt, wie Sir Thomas Moore von einer
streitenden Partei um „einen längeren Tag" (d. i. eine längere Frist)
gebeten worden sei. „Nehmt St. Barnabas - Tag," antwortet er, „das
ist der längste Tag im Jahre" (11. Juni der längste Tag nach altem,
damals gebräuchlichem Kalender). In „Maass für Maass" II, 1 wohnen
wir einer Gerichtsscene bei, in der zwei alberne Schwätzer durch lange,
nebensächliche Reden die Verhandlung aufhalten. Da erhebt sich
Angelo, der Oberrichter, mit den Worten:

Das währt so lang' wie eine Nacht in Russland,
Wenn Nächte dort am längsten sind: Ich gehe ...
This will last out a night in Russia,
When nights are longest there: I'll take my leave ...

Nummer 126 bietet die bekannte Anekdote aus dem Alterthum:
„Wenn die Pfeile so dicht fliegen, dann werden wir im Schatten fechten."
In „Heinrich IV. 2. Th." III, 2, wo Falstaff den Rekruten mit Namen
„Schatten" anwirbt, wiederholen sich eine ganze Reihe von Gedanken-
zusammenstellungen der Anekdote. Beiderseits das Wort „Schatten"
(shade, shadow), beiderseits Freude darüber, beiderseits der Gedanke
an heisses Wetter, Sommer, beiderseits der Gedanke an Krieg, in der
Anekdote der Gedanke an Kampf, im Drama der Gedanke an Ausruhen.
Denn während der alte Kriegsheld Antigonus im Schatten kämpfen
will, beabsichtigt der bequeme Falstaff, im Schatten seines neuen Rekruten still zu sitzen *(let us have him to sit under)*.

Die 146. Anekdote erzählt von einem Edelmanne, der stattlich
bewaffnet und gerüstet nach einer grossen Schlacht im Lager eintrifft;
er erscheint, heisst es, wie St. Ermin, nur nach einem Sturme. Der
Edelmann gleicht unserm langsamen vorsichtigen Sir John Falstaff, wie
er in Heinrich IV. 2. Th. IV, 3 im Lager des Prinzen Johann eintrifft.

Prinz Johann. Nun, Falstaff, sagt, wo wart Ihr all die Weile?
Wenn alles schon zu Ende, dann kommt Ihr.

P. John. Now, Falstaff, where have you been all this while?
When every thing is ended, then you come.

Die 152. Anekdote ist ausser der 164. die einzige, die von Schulden
spricht *(debt)*. Die Höhe dieser Schulden ist in Dukaten *(ducats)* ausgedrückt. Ganz so die Schuldsumme im „Kaufmann von Venedig". „Drei-
tausend Dukaten, — gut. Auf drei Monate, — gut" sind Shylocks erste
Worte (I, 3). *(Three thousand ducats, — well. For three months, — well).*

Die 164. Anekdote erzählt von einem Kissen, auf dem ein stark
verschuldeter Kaufmann vortrefflich geschlafen habe. Nun, ein stark
verschuldeter Kaufmann giebt Titel und Hauptperson eines der Shake-
speare-Lustspiele, und der Gedanke an Kissen und Schlafen wird darin
nicht nur einmal, sondern wiederholt ausgenutzt. Bettet ihr eure Sklaven
so weich wie ihr selbst schlaft, ruft Shylock, dann will ich es mit
meinem (dem Kaufmann) ähnlich halten. Die Christen, die armen
Teufel, die Schuldner schlafen (Launcelot, der christliche Diener des
Juden, schläft bei Tage mehr als eine Wildkatze); die Juden, die Reichen,
die Gläubiger müssen wachen, finden wenig Schlaf (Mahnung an Jessica).
Solche Gedanken wiederholt im Lustspiele „Der Kaufmann von Venedig".
Die Anekdote schliesst mit Worten, die, wenn wir sie in Zeilen, statt
in fortlaufender Prosa, schreiben, aussehen wie zwei Shakespeare-Verse:

This pillow sure is good to sleep upon,
since he could sleep that owed so many debts.

Dies Kissen sicherlich ist gut für Schlaf,
da er drauf schlafen konnt' mit so viel Schulden.

Die Anekdote fängt in der Originalausgabe Bacon's auch mit einem kurzen Verssatze an:

There was a merchant far in debt that died.

Es war ein Kaufmann tief in Schuld, der starb.

Der übergeschäftige Herausgeber Rawley hat diesen Versanfang 1661 verwischt. Er schreibt den Anfang folgendermaassen um:

There was a merchant died, that was very far in debt.

Das ist selbstverständlich kein Shakespeare-Vers mehr.

Ei, ei, Dr. Rawley!

Die 165. Anekdote gedenkt des alten Volksglaubens, dass die Wunden eines Erschlagenen in Gegenwart des Mörders auf's Neue bluten *(bleed afresh).* Die Situation ist die, dass ein Liebhaber seiner Lady auf der Strasse begegnet. Auch in „Richard III." (I, 2) begegnet ein Liebhaber (Gloster) seiner Lady (Anna) auf der Strasse. Anna geleitet den Zug des ermordeten Königs, und als Gloster nahe tritt, ruft sie:

Anna. O seht, ihr Herrn, des todten Heinrichs Wunden
Öffnen den starren Mund und bluten frisch.

Anne. O, gentlemen, see, see! dead Henry's wounds
Open their congeal'd mouth and bleed afresh!

Die 167. Anekdote bringt den Gedanken, dass Weise mehr von Narren lernen als Narren von Weisen. Sie erinnert uns an die Narrenscenen im König Lear und so vielen der Lustspiele, wo der Narr als Lehrmeister der andern auftritt, wo der Narr die Situation beherrscht.

Die 172. Anekdote mit ihrem lakonischen Abschlusse: „Hoffnung" *(Hope)* klingt an die Schlussworte des Kardinals Wolsey in „Heinrich VIII." (Schluss des III. Aktes) an:

Mein Hoffen wohnt im Himmel.

My hopes in heaven do dwell.

Die 173. Anekdote erzählt von einem Feldherrn des Alterthums, der vermummt die Soldaten an den Zelten belauscht hat, aber ihre frechen Reden milde beurtheilt. Man vergleiche in „König Heinrich V." die Lagerscenen.

Die 175. Anekdote erzählt von „zwei Edelleuten" *(two gentlemen),* Freunden, die sich über ihr Vorrecht streiten; der eine ist aus älterem Hause. In den „Beiden Edeln von Verona" *(Two Gentlemen of Verona)* II, 5 streiten sich die befreundeten Edelleute um die Vorzüge ihrer Geliebten; die eine ist eine Herzogstochter, also aus älterem Hause.

Die 186. Anekdote erzählt die Scene, wie man Julius Caesar die Königswürde anbietet. Dasselbe geschieht Akt I Scene 2 der Tragödie „Julius Caesar".

Die 197. Anekdote schliesst mit den Worten: „es war das erste Mal, dass eine Buhlerin in einer Tragödie spielte" *(it was the first time that ever he knew a whore play in a tragedy).* Wir werden an die furchtbare Tragödiengrösse der Buhlerin Kleopatra erinnert. Man beachte wohl das Wort „Tragödie"!

Die 209. Anekdote erzählt dieselbe Geschichte, die auch den Anfang des achten Buches von Bacon's Encyklopädie *„De Augmentis Scientiarum"* (Über die Vermehrungen der Wissenschaften) bildet. An mehrere Personen wird in einer Versammlung ein und dieselbe Frage gerichtet. Eine Person schweigt. Vergleiche Cordelia in „König Lear" I, 1: „Lieben und schweigen". Wir haben diese Gedankengleichheit bereits im vierten Kapitel des „Shakespeare - Geheimniss" erörtert, das ausführlich von Bacon und „König Lear" handelt.

Die 225. Anekdote erzählt, nach Chilon, Gold würde mit dem Prüfstein *(touchstone)* untersucht, und Menschen mit Gold. In „Wie es euch gefällt" *(As you like it)* II, 4 erhält der Narr Prüfstein *(Touchstone)* Gold, um einem Schäfer Hütte und Herde abzukaufen.

Die 232. Anekdote vergleicht das Volk der See, die Redner den Winden. Vergleiche *„Coriolanus"* I, 1 und die Reden des Brutus und des Antonius in „Julius Caesar".

Der Hauptgedanke der 239. Anekdote ist der: das nothwendigste beim Wissen *(learning)* ist, zu verlernen *(to unlearn)*, was falsch ist. Dem entspricht der Hamletvers (V, 2): „Und viel bemüht dies Wissen zu vergessen" *(and laboured much how to forget that learning).*

Die 246. Anekdote vergleicht das Laster mit einem aufbrechenden „Geschwür" *(imposthume).* Ganz so Hamlet IV, 4. *„Imposthume"* ein sehr seltenes Wort.

Die 257. Anekdote erzählt uns nochmals von einem Gelehrten, der mit rohen Seeleuten *(seamen)* in einem Sturme *(tempest)* segelt. Sie führt uns mit Worten und Gedanken nochmals auf die erste Seite des grossen Shakespeare - Dramen - Bandes, der zwei Jahre vorher, 1623, gleichfalls in London, erschienen war.

In der 266. Anekdote das Wortspiel: „Je besser, je schlechter" *(The better, the worse)*; in Othello II, 1. das Wortspiel im Superlativ: „Das schlechteste am besten" *(the worst best). — —*

Die Anekdote von „Schlamm und Blut" (Nr. 37), die Anekdote von *„Two gentlemen"* (Nr. 175), die Anekdote „Buhlerin in einer Tragödie" (Nr. 197) und die Anekdote von den „Rednern" und den „Winden" (Nr. 232) beliebte Dr. Rawley in seiner Ausgabe zu unterdrücken.

SAVILL UND LONGAVILL,
DIE BEIDEN PROSASCHWÄRMER.

BACON'S 66. ANEKDOTE.

M R. Savill wurde von Mylord von Essex gefragt, welches seine Meinung über Dichter wäre; er antwortete Mylord; Er hielt sie für die besten Schriftsteller, nach denen die in Prosa schreiben.

ERKLÄRUNG.

Diese Meinung des Hofherrn vom Hofe der Königin Elisabeth theilt in den Shakespeare-Dramen ein Hofherr vom Hofe des Königs von Navarra: „Zerreissen will ich diese Verse und in Prosa schreiben." (Verlorene Liebesmüh' IV, 3.) Heisst der Bacon'sche Hofmann Savill, so heisst der Shakespeare'sche Longavill. Die gleiche Meinung ertönt also hier und dort aus dem Munde von zwei Leuten gleicher gesellschaftlicher Stellung, die obendrein eine Art von Namensvettern sind.

Nun hat das Lustspiel „Verlorene Liebesmüh" bekanntlich von allen Shakespeare-Dramen die meisten gereimten Verse. Auch das ist in der Anekdote angedeutet; denn die letzten 6 Silben dieser 66. Anekdote geben das kurze Reimspiel:

*next to those
that write prose.*

ORIGINAL-BELEGE ZUR 66. ANEKDOTE.

Mr. Savill was asked by my lord of Essex his opinion touching poets; who answered my lord; He thought them the best writers, next to those that write prose.

Love's labour's lost IV, 3:
Longavill. These numbers will I tear, and write in prose.

———— —— ——

5

STRENGE GESETZE
UND GEPRELLTE RACHSUCHT IN SENATOREN-STAATEN.

BACON'S 69. UND 70. ANEKDOTE.

69.

ALBA folgte auf Nero, und da sein Alter viel verspottet wurde, gab es viel Willkür und Durcheinander in Rom. Worauf ein Senator in vollem Senate sagte, Es wäre besser leben, wo nichts gesetzmässig ist, als wo alle Dinge gesetzmässig sind.

70.

In Flandern fiel durch Zufall ein vlämischer Ziegeldecker vom Dach eines Hauses auf einen Spanier, tödtete ihn und kam selbst davon. Der nächste Blutsverwandte verfolgte seinen Tod mit grosser Heftigkeit gegen den Ziegeldecker. Und als ihm Geldentschädigung angeboten wurde, wollte er von nichts hören als vom Wiedervergeltungsrecht. Worauf der Richter zu ihm sagte; Wenn er auf dieser Art des Rechtsspruchs bestünde, so müsste er auf das Dach des Hauses steigen und von da herab auf den Ziegeldecker fallen.

ERKLÄRUNG.

Die beiden Anekdoten gehören entschieden zusammen. Rawley, der so vieles an der Anekdotensammlung seines Meisters gesündigt hat, wirft die zweite der beiden Anekdoten, wo der Richter in geistvoll-humoristischer Weise den blutdürstigen und rachsüchtigen Spanier an der Hand des Rechtes prellt, 1661 aus der Sammlung hinaus.

Die beiden Anekdoten sind in vollständiger Übereinstimmung mit
dem dramatischen Gerüste des vierten Aktes vom „Kaufmann von
Venedig". In der 69. Anekdote sehen wir den vollen Senat von Rom
versammelt, im vierten Akte des Lustspiels den „Dogen" und die
„Magnificos" (Senatoren) von Venedig. Spricht die Anekdote die
Anschauung aus, dass zuviel gesetzmässig schlimmer ist als zuwenig
gesetzmässig, so hören wir gleich am Eingang des Aktes den Kaufmann Antonio beklagen, dass „keine gesetzmässigen Mittel" ihn
aus dem Bereiche des Neides seines Gegners tragen können. Der Doge
ist bekümmert, dass Venedigs Gesetz dem Kaufmann keinen Beistand
bringen kann. Aus Portia's Munde hören wir:

> Verfallen ist der Schein,
> Und dem Gesetz gemäss vermag der Jude
> Zu fordern ein Pfund Fleisch — —

Und Bassanio bittet:

> Beugt einmal das Gesetz nach eurem Ansehn:
> Thut kleines Unrecht um ein grosses Recht.

Jetzt zu den Vergleichen mit der zweiten Anekdote. Wie dort der
Spanier, so verfolgt hier Shylock der Jude seinen Gegner mit un-
erbittlicher Blutgier. Auch dem Juden wird eine Geldentschädigung
angeboten:

> Bassanio. Für deine dreitausend Dukaten sind hier sechs.

Er schlägt sie aus wie der Spanier in der Anekdote. Er besteht
auf seinem Rechtsspruche wie der Spanier in der Anekdote:

> Shylock. Ich bitt' dich, komm zum Spruch —

und, nachdem der Spruch gefällt ist:

> Shylock. Das ist ein Spruch!

Und nun entgegnet ihm der Richter (Portia) mit fast denselben
Worten wie der Richter in der Anekdote. Der Sinn der Worte aber
ist durchaus derselbe:

> Portia. Wie du auf Recht bestehst, so sei gewiss,
> Recht sollst du haben, mehr als du begehrst.

Der bekannte Spruch (keinen Tropfen Blut, und genau ein Pfund)
ist gefallen. Shylock verzichtet ebenso wie der Spanier auf sein Recht;
denn die Ausübung, das Schneiden wie das vom Dach Fallen, wäre für
beide lebensgefährlich geworden. Beide, der Jude wie der Spanier,
haben sich um ihre Geldentschädigung wie um ihre persönliche Rache
in blinder Gier selbst geprellt.

Auch das Bild des „Fallens" hat dem Dichter deutlich vorgeschwebt, als er den vierten Akt niederschrieb. Nicht weniger als fünf Mal auf den wenigen Seiten kommt dieses Bild zur Geltung, das Wort „house" kommt wiederholt vor und auch das Wort „top" (Höchstes, Spitze, Dach). Und die wundervolle Rede der Portia, das Hohelied auf die Milde als das höchste Recht des Richters, beginnt mit einem Bilde, das in direktem Gegensatze steht zu dem vernichtenden Herabfallen des Ziegeldeckers und dem vernichtenden Rachesinn der halsstarrigen Kläger:

Portia. Die Art der Gnade ist nicht äussrer Zwang, —
　　　 Sie tropft dem sanften Regen gleich vom Himmel
　　　 Auf das, was unter ihr...

Die Anekdote mit dem drollig-geistvollen Richterspruche ist eine der schönsten der Sammlung. Es unterliegt keinem Zweifel, dass Rawley mit ihrer späteren Beseitigung etwas verwischen wollte.

ORIGINAL-BELEGE ZUR 69. UND 70. ANEKDOTE.

69.

Galba succeeded Nero, and his age being much despised, there was much licence and confusion in Rome. Whereupon a senator said in full senate, It were better live where nothing is lawful, than where all things are lawful.

70.

In Flanders by accident a Flemish tiler fell from the top of a house upon a Spaniard, and killed him, though he escaped himself. The next of the blood prosecuted his death with great violence against the tiler. And when he was offered pecuniary recompence, nothing would serve him but lex talionis. Whereupon the judge said to him; That if he did urge that kind of sentence, it must be, that he should go up to the top of the house, and thence fall down upon the tiler.

Merchant of Venice IV, 1:
A court of justice. Enter the Duke, the Magnificoes, etc.

Antonio. And that no lawfull means can carry me
　　　　 Out of his envy's reach — —

— — — — — — — — — — — —

Portia. And lawfully by this the Jew may claim
　　　　 A pound of flesh — —

— — — — — — — — — — — —

Bassanio. *W'rest once the law to your authority:*
To do a great right, do a little wrong — —

— — — — — — — — — — — — — — — — .— —

Bassanio. *For thy three thousand ducats here are six.*

— — — — — — — — — —— — — — — —

Shylock. *I pray thee, pursue sentence.*

— — — — — — — — — — — — —

Shylock. *A sentence!*

—. — .— — — — — — — — — — — —

Portia. *For, as thou urgest justice, be assur'd*
Thou shalt have justice, more than thou desir'st.

— — — — — — — — — —— — —— — —

Portia. *The Jew shall have all justice — —*

— — — — — — — — — — — — — —

Portia. *The quality of mercy is not strain'd, —*
It droppeth as the gentle rain from heaven
Upon the place beneath . . .

———————

ZWEI VOREILIGE HERRSCHERSÖHNE: DOMITIAN UND PRINZ HEINRICH.

BACON'S 75. ANEKDOTE.

VESPASIAN und Titus, sein ältester Sohn, waren beide von Rom abwesend, als das Reich auf ihn geworfen ward. Domitian, sein jüngerer Sohn, war in Rom und nahm die Geschäfte auf sich; und da er von unruhigem Geiste war, traf er viele Umänderungen und entsetzte verschiedene Offiziere und Gouverneure von Provinzen, indem er ihnen Nachfolger sandte. Als nun Vespasian nach Rom kam, und Domitian vor ihn kam, sagte Vespasian zu ihm: Sohn, ich schaute aus, wann Du mir einen Nachfolger senden würdest.

ERKLÄRUNG.

Die Anekdote führt uns abermals zum Lager des todtkranken Heinrich IV. Hier wie dort der Konflikt zwischen Vater und Sohn. Hier wie dort das vorzeitige Aufsichnehmen von Geschäften —:

2. Heinrich IV. IV, 4:

> Thörichter Jüngling,
> Du suchst die Grösse, die dich wird erdrücken.

Hier wie dort der Gedanke: Umänderung, Entsetzen von Offizieren —:

2. Heinrich IV. IV, 4:

> Setz' meine Offiziere ab ...
> Auf, Eitelkeit! und nieder, Königswürde!
> Ihr weisen Räthe alle, fort!

Und hier wie dort der Gedanke, dem Herrscher selbst, und zwar noch bei Lebzeiten, einen Nachfolger zu senden. Hier der seine Herrscherwürde voreilig übende Domitian, dort der kronenlüsterne Prinz Heinrich, der dem Vater das Zeichen der Würde vom Kissen nimmt und auf sein eigen Haupt setzt, noch eh' der Alte verschieden ist —:

2. Heinrich IV. IV, 4:

> Ist er so hastig, dass er meinen Schlaf
> Mit meinem Tod verwechselt?
>
> . . . .
>
> Ich bleib' zu lang' dir, ich ermüde dich.

Der Aktschluss bietet noch eine direkte Anspielung auf das Verhältniss der Figur Heinrichs IV. zu seinem Vorbilde Vespasian. Heinrich dem Vierten ist geweissagt worden, er solle in Jerusalem sterben, er hatte das aufs heilige Land gedeutet. Nun aber fühlt er seinen Tod nahen; im Palast ist ein Zimmer, das den Namen Jerusalem-Zimmer führt, dorthin will er, todesmuthig, gebracht sein, um sein Leben zu beschliessen und zugleich die Prophezeiung zu erfüllen.

Tragt in das Zimmer mich; dort will ich liegen;
In dem Jerusalem soll Heinrich sterben.

In Palästina weilte Vespasian, als er zum Herrn des Reiches ernannt wurde; er kommt nach Rom, um die Würde anzutreten, und sagt dem Sohne spöttisch: ich erwartete meinen Nachfolger. — Nach Palästina beabsichtigte Heinrich IV. zu ziehen, nach Jerusalem lässt er sich tragen, um dort im Tode seiner Würde zu entsagen und auf seinen Nachfolger zu warten. Der eine kommt von Palästina, der andere geht nach Palästina.

ORIGINAL-BELEGE ZUR 75. ANEKDOTE.

Vespasian and Titus his eldest son were both absent from Rome when the empire was cast upon him. Domitian his younger son was at Rome, who took upon him the affairs; and being of a turbulent spirit, made many changes, and displaced divers officers and governors of provinces, sending them successors. So when Vespasian came to Rome, and Domitian came into his presence, Vespasian said to him: Son, I looked when you would have sent me a successor.

2. *Henry IV. IV. 4:*

O foolish youth!
Thou seek'st the greatness that will overwhelm thee.

Pluck down my officers — — —
up, vanity!
Down, royal state! all you sage counsellors, hence!

. . . .
Is he so hasty, that he doth suppose
My sleep my death?

I stay too long by thee, I weary thee.

But bear me to that chamber; there I'll lie;
In that Jerusalem shall Harry die.

STEHENBLEIBEN UND ÜBERHASTEN.

BACON'S 76. ANEKDOTE.

SIR Amice Pawlet, wenn er zu viel H a s t in einer Angelegenheit entfaltet sah, pflegte zu sagen, W a r t e t (S t e h t) eine W e i l e, dass wir desto s c h n e l l e r ein E n d e machen.

ERKLÄRUNG.

Die Anekdote führt uns in die Scenen, die den ebenbetrachteten vorausgehen, eben dahin, wohin uns die 11. Anekdote führte. Prinz Johann von Lancaster und Graf Westmoreland haben die Rebellenführer Mowbray, Hastings und den Erzbischof überlistet; man hat sich gegenseitig versprochen, die Heere aufzulösen und auseinanderzuschicken.

2. Heinrich IV. IV, 2:

Prinz Johann. Nun, Vetter, warum s t e h t noch unser Heer?

Westmoreland. Die Führer, laut Befehl von euch zu s t e h n,
Woll'n ehr nicht auseinandergehen, bis sie
Euch selbst gehört.

Prinz Johann. Sie kennen ihre Pflicht.
(H a s t i n g s tritt wieder ein.)

H a s t i n g s. Herr, unser Heer ist allbereits zerstreut:
Wie junge losgejochte Stiere laufen
Ost, West, Nord, Süd sie; wie beim Schluss der Schule
Eilt jeder seinem Heim und Spielplatz zu.

Westmoreland. Lord H a s t i n g s, gute Nachricht; wofür ich
Auf H o c h v e r r a t h, V e r r ä t h e r, dich v e r h a f t e
Und euch, Lord Erzbischof, und euch, Lord Mowbray.

Die Rebellen haben sich thöricht überhastet; die Königlichen sind stehen geblieben, um desto schneller ein Ende zu machen. Mit bestimmter Absicht hat der Dichter hierzu einen Lord gewählt, dessen Name die Hast ausdrückt: „Hastings" (Der Hastende).

ORIGINAL-BELEGE ZUR 76. ANEKDOTE.

Sir Amice Pawlet, when he saw too much haste made in any matter, was wont to say, Stay a while, that we may make an end the sooner.

2. *Henry IV. IV. 2:*

Prince John. Now, cousin, wherefore stands our army still?

*Westmoreland. The leaders, having change from you to stand,
Will not go off until they hear you speak.*

*Prince John. They know their duties.
(Re-enter Hastings.)*

*Hastings. My lord, our army is dispers'd already:
Like youthful steers unyok'd they take their courses
East, west, north, south; or, like a school broke up,
Each hurries toward his home and sporting-place.*

*Westmoreland. Good tidings, my Lord Hastings; for the which
I do arrest thee, traitor, of high treason: —
And you, lord archbishop, — and you, Lord Mowbray ...*

WARUM WEINT SOLON?

BACON'S 92. ANEKDOTE.

LS Solon den Tod seines Sohnes beweinte und einer zu ihm sagte: Weinen wird nichts helfen, antwortete er: Ach, deshalb weine ich, weil Weinen nichts helfen wird.

ERKLÄRUNG.

Auf Seite 5 der grossen 1623er Folioausgabe von William Shakespeares Lustspielen, Historien und Tragödien kommt das Wort „weinen" *(weep)* im ganzen stattlichen Buche zum ersten Male zur Anwendung. Es geschieht in der zweiten Scene des „Sturm". Der Schiffbruch ist vorüber, aber die Schiffbrüchigen sind auf der Prospero-Insel vereinzelt an's Land geschlagen. Prinz Ferdinand glaubt seinen Vater, den König Alonso, ertrunken; König Alonso glaubt das Gleiche von seinem Sohne Ferdinand. Die Scene zeigt den jungen Prinzen im Gespräche mit Prospero. Er denkt, Alonso sei im Himmel: „Mein Vater hört mich; und dass er's thut, deshalb weine ich." — Also hier, beim ersten Vorkommen im Shakespeare wie in der Bacon-Anekdote die Angabe eines Grundes für's Weinen, und hier wie dort die Angabe desselben Grundes: Weil er wirklich todt ist, weil Thränen ihn nicht wieder lebendig machen, deshalb weine ich.

Diese Anekdote führt uns in die 2. Scene des ersten Shakespeare-Lustspiels; nicht weniger als drei Anekdoten führen uns in die 1. Scene.

ORIGINAL-BELEGE ZUR 92. ANEKDOTE.

Solon, when he wept for his sons death, and one said to him; Weeping will not help; answered, Alas, therefore I weep, because weeping will not help.

Tempest I, 2:   *He does hear me;*
        And that he does I weep.

ISABELLEN

UND

EMPFEHLUNGSBRIEFE DER ANMUTH.

BACON'S 99. ANEKDOTE.

ÖNIGIN Isabell von Spanien pflegte zu sagen: Wer ein gutes Äussere und ein gutes Benehmen hat, trägt Empfehlungsbriefe.

ERKLÄRUNG.

In „Maass für Maass" bittet der gefangene Claudio, man möge seine Schwester als Fürbitterin für ihn zum Statthalter Angelo senden.

Maass für Maass I, 2:

Claudio.   In ihrer Jugend liegt
      Gewaltige sprachlose Redeweise,
      Die Männer rührt.

Und Akt I, 4:

Lucio.   Geht zu Lord Angelo,
    Lehrt ihn, wenn Mädchen bitten, geben Männer
    Wie Götter, und wenn gar sie knien und weinen,
    Erfüllen ihre Wünsche sich so leicht,
    Als ob sie selber die Gewährung sprächen.

Die Schwester des Claudio trägt also solche stumme und doch so beredte Empfehlungsbriefe bei sich, wie sie Anmuth von Körper und Seele gewähren. Zudem heisst diese Schwester des Claudio ganz wie die Königin in der Anekdote: Isabell. Und wie diese Isabell die einzige in der Anekdotensammlung ist, so ist die in „Maass für Maass" die einzige Isabell, die im ganzen Shakespeare auftritt.

Noch eine Kleinigkeit, die aber im Grunde genommen keine Kleinigkeit ist. Bacon nennt die spanische Königin nicht Isabella, sondern Isabell. Er streicht das End-a, das gerade dem Namen der grossen Königin so gern gelassen wird; aber er macht damit die Dame im Silbenlaute derjenigen ähnlicher, die in „Maass für Maass" auftritt. Denn in den meisten Fällen heisst die Schwester Claudios Isabell (ohne a). So gleich beim ersten Auftreten:

Enter Isabell and Francisca a Nun.

So steht in der Folioausgabe von 1623 gedruckt, die die einzig maassgebende ist.

Dr. Rawley, in der zweiten Ausgabe der Anekdoten (1661) lässt Isabella drucken. Wir kennen ihn ja schon als einen Herausgeber, der (absichtlich oder unabsichtlich) verwischt.

ORIGINAL-BELEGE ZUR 99. ANEKDOTE.

Queen Isabell of Spain used to say; Whosoever hath a good presence and a good fashion, carries letters of recommendation.

Measure for Measure I, 2:
Claudio.   *For in her youth*
        There is a prone and speechless dialect,
        Such as moves men.

Measure for Measure I, 4:
Lucio.   *Go to Lord Angelo,*
        And let him learn to know, when maidens sue,
        Men give like gods; but when they weep and kneel
        All their petitions are as freely theirs
        As they themselves would owe them.

STOLZ TRAMPELT STOLZ.

BACON'S 107. ANEKDOTE.

PLATO bewirthete einige von seinen Freunden mit einem Mittag-
essen, und es stand im Gemache ein Bett, zierlich und kostbar
ausgestattet. Diogenes trat ein, stieg auf das Bett, t r a m p e l t e
darauf und sagte; Ich t r a m p l e auf den S t o l z des Plato. Plato antwortete milde; Aber mit grösserem S t o l z.

ERKLÄRUNG.

Das Wort „trampeln" *(trample)*, beiden Sprachen gemeinsam, kommt
nur selten zur Anwendung. Desto eigenthümlicher, wenn es in derselben Gedankenverbindung auftritt. Eine Verszeile in den „Beiden
Edeln von Verona" I, 2 lautet:

Verächtlich t r a m p e l n d deine Missachtung.

Oder: Und t r a m p l e so hochmüthig deinen Hochmuth

Oder (in Schlegel - Tieck's Übersetzung, die das Wort trampeln umgeht):

Und t r e t e höhnend so auf deinen S t o l z.

Verachtung tritt und trampelt Verachtung, Hochmuth Hochmuth,
Stolz Stolz. — Der Gedanke und das Stichwort sind durchaus dem
der Bacon'schen Anekdote gleichwerthig.

Ganz ähnlich Gedankenverbindungen mit *„trample"* in Richard II.
III, 2 und III, 3.

ORIGINAL-BELEGE ZUR 107. ANEKDOTE.

*Plato entertained some of his friends at a dinner, and had in the
chamber a bed or couch, neatly and costly furnished. Diogenes came
in, and got up the bed, and t r a m p l e d upon it, and said; I t r a m p l e
upon the p r i d e of Plato. Plato mildly answered; But with greater
p r i d e.*

Two Gentlemen of Verona I, 2:
T r a m p l i n g c o n t e m p t u o u s l y on thy d i s d a i n.

— -

EIN KLEINES HAUS VOLL KÖNIGSTREUE —
EIN GROSSES HAUS VOLL REBELLENTHUM.

BACON'S 139. ANEKDOTE.

ALS Königin Elisabeth, auf einer Reise, zum Hause des damaligen Grosssiegelbewahrers Sir Nikolas Bacon in Redgrave kam, sagte sie; Mylord, was für ein kleines Haus habt Ihr? Er sagte: Gnädige Frau, mein Haus ist gut, aber Ihr seid es, die mich zu gross gemacht hat für mein Haus.

ERKLÄRUNG.

Die Anekdote führt uns wieder zum 2. Theile Heinrichs IV. König Heinrich steht den aufrührerischen Percys (Worcester, Northumberland und Heisssporn) in seinem Palaste gegenüber, denselben, die ihm früher als Grafen Bolingbroke auf den Thron Richards II. geholfen haben. Heinrich klagt sich zu grosser Schwäche an, er will von jetzt ab ihnen, den stolzen Adligen, gegenüber stolzer auftreten. Da antwortet ihm der kecke Worcester —:

2. Th. Heinrichs IV. I, 3:

Worcester. Mein Lehnsherr, unser Haus verdient es wenig,
Dass Grösse ihre Geissel an ihm übe;
Dieselbe Grösse, die mit eignen Händen wir
So stattlich machen halfen.

Dort die feine Spottlust der Königin über das kleine Haus, hier der scharf empfundene Spott gegen ein Haus, das sich grösser gemacht hat, als ihm gebührt. Dort als Antwort das artige Scherzwort eines treuen Beamten, des Vaters unseres Francis Bacon: Ihr habt mich zu gross gemacht; hier als Antwort der bittere Vorwurf des aufständischen Adligen: Wir haben Euch zu gross gemacht!

ORIGINAL-BELEGE ZUR 139. ANEKDOTE.

Sir Nicholas Bacon being Keeper of the Seal, when Queen Elizabeth, in progress, came to his house at Redgrave, and said to him: My Lord, what a little house have you gotten? said. Madam, my house is well, but it is you that have made me to great for my house.

2. *Henry IV. 1, 3:*

*Worcester. Our house, my sovereign liege, little deserves
The scourge of greatness to be us'd on it;
And that same greatness too which our own hands
Have holp to make so portly.*

CAMBYSES
UND
HEINRICH DER SECHSTE.

BACON'S 149. ANEKDOTE.

ROESUS sagte zu Cambyses, dass Friede besser wäre als Krieg; denn im Frieden begrüben die Söhne ihre Väter, aber im Kriege begrüben die Väter ihre Söhne.

ERKLÄRUNG.

Heinrich VI., 3. Theil II, 5:
„Ein Sohn tritt auf, der seinen Vater getödtet hat, und trägt den todten Körper herein. — Ein Vater tritt auf, der seinen Sohn getödtet hat, und trägt den todten Körper herein." Mit diesen Worten werden zwei auftretende Personen bezeichnet.

Der Vater will dem Sohne im Herzen ein „Grabdenkmal" errichten, seine seufzende Brust soll die „Begräbnissglocke" sein. König Heinrich, der dem Vorfalle beiwohnt, klagt in schwerem Herrscherweh: „O blut'ge Zeiten! Wenn Löwen Krieg führen —"
Rawley unterdrückt die Anekdote.

ORIGINAL-BELEGE ZUR 149. ANEKDOTE.

Croesus said to Cambyses, That peace was better than war; because in peace the sons did bury their fathers, but in wars the fathers did bury their sons.

3. Henry VI. II, 5: Enter a Son that has killed his father, bringing in the dead body. — Enter a Father that has killed his son, bringing in the dead body.

— thy sepulchre — thy funeral bell — O bloody times! Whiles lions war —

THRÄNEN UM NICHTS

UND

FREVLER GLEICHMUTH AM FALSCHEN ORTE.

— — · —

BACON'S 157. ANEKDOTE.

RASSUS der Redner hatte einen Fisch, den die Römer Muraena nannten, den er sehr zahm und zutraulich gemacht hatte. Der Fisch starb, und Crassus weinte um ihn. Als er eines Tages im Senate mit Domitius in Streit gerieth, sagte Domitius; Thörichter Crassus, du weintest um deine Muraena. Crassus erwiderte; Das ist mehr als du um deine beiden Weiber thatst.

ERKLÄRUNG.

Der Kern der Geschichte ist nichts anderes als der Schluss des zweiten Hamlet-Aktes. Der Schauspieler hat deklamirt und um einer Einbildung wegen Thränen vergossen

Hamlet.　　　　Und alle das um nichts!
　　　Um Hekuba!
　　　Was ist ihm Hekuba, oder er der Hekuba,
　　　Dass er um sie sollt' weinen?

Die satirischen Vorwürfe in der Anekdote sind bei Hamlet in scharfe Selbstvorwürfe verwandelt. Der deklamirende Schauspieler weint, gleich jenem Redner, um ein Nichts; und er, Hamlet, dem ein theurer Vater ermordet worden ist, findet kaum Worte und niemals Thaten!

　　　Und ich,
　　　Ein blöder, schwachgemuther Schurke, schleiche
　　　Wie Hans der Träumer, meiner Sache fremd,
　　　Und kann nichts sagen, nicht für einen König ...

6

ORIGINAL-BELEGE ZUR 157. ANEKDOTE.

*Crassus the orator had a fish, which the Romans called Mu-
raena, that he had made very tame and fond of him. The fish died,
and Crassus wept for it. One day falling in contention with Domitius
in the senate, Domitius said; Foolish Crassus, you wept for your
Muraena. Crassus replied; That's more than you did for b o t h y o u r
w i v e s.*

Hamlet II. 2:
Prince Hamlet.   *And all for nothing!*
     For Hecuba!
     What's Hecuba to him, or he to Hecuba,
     That he should weep for her?

— — — — — — — — — — — — — —

     Yet I,
     A dull and muddy-mettled rascal, peak,
     Like John-a-dreams, unpregnant of my cause,
     And can say nothing; no, not for a king ...

DEMOSTHENES EIN FALSTAFF.

BACON'S 169. ANEKDOTE.

LS man dem Demosthenes vorwarf, dass er aus der Schlacht geflohen sei, sagte er, dass der, der flieht, wieder fechten könnte.

ERKLÄRUNG.

Der Handlungsweise des grossen Redners Demosthenes entspricht die Handlungsweise des Grossredners Falstaff. Im 1. Theil Heinrichs IV. Akt II flieht Falstaff, um bald darauf dem Prinzen in der Schänke etwas vorzulügen und vorzufechten. Im fünften Akte desselben Stückes wirft sich Falstaff mitten in der Schlacht zu Boden und stellt sich todt. Allein gelassen, erhebt er sich wieder und ficht gegen den todten Percy Heisssporn weiter, indem er ihm noch einen Stich versetzt. Dann prahlt er dem Prinzen gegenüber, dass er mit Heisssporn eine ganze Stunde lang gefochten habe. Dort Flucht aus dem Kampfe, hier Verstellung in der Schlacht; beide Male gefolgt von prahlerischen Fechterworten und -Thaten.

Die Gleichheit zwischen Anekdote und Drama ist vollkommen. Der Wahlspruch Falstaffs könnte auch der des Demosthenes sein: „Das bessere Theil der Tapferkeit ist Vorsicht!" — Wiederum nur bei Bacon selbst, nicht bei Rawley.

ORIGINAL-BELEGE ZUR 169. ANEKDOTE.

Demosthenes when he fled from the battle, and that it was reproached to him, said; That he that flies mought fight again.
1. Henry IV. V, 4:
The better part of valour is discretion.

FLIEGEN UND FISCHE
IM NETZWERK DER GESETZE.

BACON'S 181. ANEKDOTE.

EINER von den Sieben sagte; Dass Gesetze wie Spinngewebe wären; worin die kleinen Fliegen gefangen würden und die grossen durchbrächen.

ERKLÄRUNG.

Pericles II, 1:
Hier hängt ein Fisch im Netze wie eines armen Mannes Recht im Gesetze; wird schwerlich rauskommen.

Einige Buchstaben des Wortes Fisch mit einigen andern vertauscht, aus „fish" — „flies" gemacht, und der Vergleich wäre bis auf die kleinste Nebensache vollkommen. —

Das Drama „Pericles" ist nicht in der Folioausgabe von 1623 enthalten; es erscheint erst in der zweiten Folioausgabe.

ORIGINAL-BELEGE ZUR 181. ANEKDOTE.

One of the Seven was wont to say; That laws were like cobwebs: where the small flies were caught, and the great break thorough.

Pericles I. 2:
Here's a fish hangs in the net, like a poor man's right in the law; 't will hardly come out.

THEMISTOKLES
UND
DIE RIESENBÄUME IN „CYMBELINE"
UND
„HEINRICH DEM ACHTEN."

BACON'S 198. ANEKDOTE.

HEMISTOKLES pflegte von sich selbst zu sagen; Dass er w i e
ein Baum in der Ebene (Platane) wäre, dass bei Stürmen
und Unwettern die Menschen zu ihm flüchteten und bei schönem
Wetter die Menschen immer seine Blätter abpflückten.

ERKLÄRUNG.

Dem Themistokles gleicht sowohl König Cymbeline wie auch sein
verbannter Kanzler Belarius. Cymbeline V, 5: „Wenn von einer
stattlichen Ceder Zweige abgeschnitten werden" — und gleich darauf: „Die luft'ge Ceder, königlicher Cymbeline; Stellt dich
dar." Dort wie hier wird ein Mann einem einzeln stehenden, luftigen
Baume verglichen, der seiner Blätter, seiner Zweige beraubt wird.

Noch ergiebiger ist der Vergleich der Themistokles-Anekdote mit
Cymbeline III, 3.

Belarius.   Da war ich wie ein Baum, dess Zweige sich
             Von Früchten neigten; doch in einer Nacht
             Ein Sturm, ein Raub, nennt's wie ihr wollt,
             Schlug meine saftigen Behänge nieder,
             Ja, meine Blätter selbst und liess mich kahl
             Dem Wetter.

Selbst Jakob I., Bacon's König, wird einem mächtigen Baume verglichen; und hier ist es, wo auch das Wort „Ebene" zum Ausdruck kommt. Erzbischof Cranmer prophezeit am Schluss von „Heinrich VIII." unter Hindeutung auf Jakob I.:

Blühen wird er
Und einer B e r g e s c e d e r gleich die Z w e i g e
In all' die E b n e n strecken rings um ihn.

Dr. Rawley beliebte 1661 die Anekdote zu entfernen.

ORIGINAL-BELEGE ZUR 198. ANEKDOTE.

Themistocles would say of h i m s e l f ; That he was l i k e a p l a n e -
t r e e , that in t e m p e s t s men fled to him, and in fair w e a t h e r men
were ever c r o p p i n g his l e a v e s .

Cymbeline V, 5:
When from a s t a t e l y c e d a r shall be l o p p e d b r a n c h e s . . .
The l o f t y c e d a r , royal Cymbeline, personates thee.

Cymbeline III, 3:   *there was I as a t r e e*
Whose b o u g h s did bend with fruit: but in one night,
A s t o r m or r o b b e r y , call it what you will,
S h o o k d o w n my mellow hangings, nay, my l e a v e s ,
And left me bare to w e a t h e r .

Henry VIII. V, 4:   *he shall flourish,*
And, like a m o u n t a i n c e d a r , reach his b r a n c h e s
To all the p l a i n s about him.

HOFLEUTE
HABEN EIN MAGERES BROT.

BACON'S 244. ANEKDOTE.

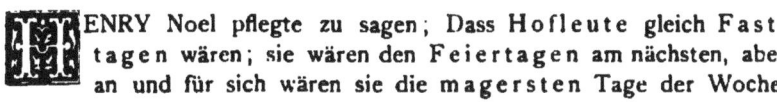

ENRY Noel pflegte zu sagen; Dass Hofleute gleich Fast-
tagen wären; sie wären den Feiertagen am nächsten, aber
an und für sich wären sie die magersten Tage der Woche.

ERKLÄRUNG.

Heinrich VIII. II, 3 sagt eine alte Hofdame zu Anna Bullen:
Ich hab' gebettelt sechzehn Jahr am Hof,
Bin noch ein Hofleut bettelhaft ...
... und Ihr, o Schicksal!
Ein rechter Frischfisch noch —
habt vollgefüllt den Mund,
Bevor Ihr ihn noch öffnet.

Hier wie dort die magere Armseligkeit der Hofleute, und
da, wo Anna Bullen eine Ausnahme macht, das Bild des Sattessens
und der Gegensatz der Fischfastenspeise. —
Nicht bei Rawley.

ORIGINAL-BELEGE ZUR 244. ANEKDOTE.

*Henry Noel would say; That courtiers were like fastingdays;
They were next the holydays, but in themselves they were the most
meagre days of the week.*

Henry VIII. II, 3:
I have been begging sixteen years in court, —
Am yet a courtier beggarly ...
... and you, O fate!
A very fresh-fish here —
have your mouth fill'd up
Before you open't.

DER NÄCHSTE WEG.

BACON'S 245. ANEKDOTE.

R. Bacon pflegte zu sagen; Dass es beim Geschäft gewöhnlich wie bei Wegen wäre; dass der nächste Weg gewöhnlich der hässlichste ist, und dass, wenn einer den schönsten Weg gehen will, er ein wenig umgehen muss.

ERKLÄRUNG.

Die Anschauung Bacon's steht hier in grellem Gegensatze zum deutschen Sprichworte: Der gerade Weg ist der beste. Ebenso die Anschauung in den Shakespeare-Dramen. Im Lustspiele „Ende gut, Alles gut" finden wir den Gedanken in kurzem Hin- und Wider:

Ende gut, Alles gut I, 3:

Gräfin. Willst du immer ein hässlich-redender *(foul-mouthed,* bösmäuliger) und verläumderischer Schelm sein?

Narr. Ein Prophet bin ich, gnädige Frau; ich rede die Wahrheit auf dem nächsten Wege. — — —

Eine Tragödie aber ist es, die uns bei den Worten „schön" und „hässlich" *(fair and foul)* in den Ohren klingt: Die Tragödie Macbeth. „Schön ist hässlich, hässlich schön", so hören wir die drei Hexen am Schlusse der ersten Scene. „Solch hässlichen und schönen Tag sah ich noch nie", sind Macbeth's erste Worte beim ersten Auftreten (I, 3). Und wie dieser Gedanken- und Wortklingklang „foul and fair" und „fair and foul" uns auf die Bacon'sche Anekdote

hinweist, so ist denn die ganze Tragödie Macbeth nichts als eine furchtbare Illustration der Anschauung: Der nächste Weg ist der hässlichste,
der faulste, der böseste. Dess zur Bestätigung noch die ersten Worte
der Lady Macbeth, nachdem sie den Brief ihres Gatten gelesen hat.

Macbeth I, 5:

Lady M. Glamis bist du, und Cawdor; und sollst werden,
Was dir verheissen ward. Doch fürcht' ich dein Gemüth;
Es ist zu voll von Milch der Menschenliebe,
Den nächsten Weg zu gehn.

Dieser nächste Weg führt durch Königsmord und Freundesmord
auf den Thron von Schottland.

Gleich Bacon's Anekdote nennt auch Macbeth diese ganze Angelegenheit ein Geschäft *(business)*.

Macbeth I, 7 zur Lady:
Wir woll'n nicht weiter gehn in dem Geschäft *(business,*
Geschäft, Sache, Angelegenheit).

Die Anekdote führt uns somit an nicht weniger als vier höchst
charakteristische Stellen der Tragödie: ⌣

Schön-hässlich: Erstes Hexen-Ensemble (I, 1)
Schön-hässlich: Erstes Auftreten Macbeths (I, 3).
Sein sanftes Gemüth scheut den nächsten Weg: Erster Gedanke der Lady Macbeth (I, 5).
Zurückbeben vor dem Geschäft: Erstes Wort Macbeths
nach dem grossen Monolog, in dem sich sein Gewissen
rührt (I, 7).

Das Wort „Weg" aber zieht sich wie ein Leitmotiv durch die
ganze Tragödie.

So sehen wir denn wiederholt, wie sich gerade von solchen Anekdoten, die den Namen Francis Bacon als Urheber und Mitspieler nennen,
zu ganz besonderen Hauptstellen der Shakespeare-Dramen ganz besonders starke und ganz besonders zahlreiche Fäden hinüberspinnen.

ORIGINAL-BELEGE ZUR 245. ANEKDOTE.

*Mr. Bacon would say: That it was in business, as it is commonly
in ways; that the next way is commonly the foulest, and that if
a man will go the fairest way, he must go somewhat about.*

All's well, that ends well I, 3:
*Countess. Wilt thou ever be a foul-mouthed and calumnious
knave?*
Clown. A prophet I, madam; and I speak the truth the next way.

Macbeth I, 1:
3 Witches. Fair is foul, and foul is fair.

Macbeth I, 3:
Macbeth. So foul and fair a day I have not seen.

Macbeth I, 5:
*Lady Macbeth. Glamis thou art, and Cawdor; and shalt be
What thou art promis'd: yet do I fear thy nature;
It is too full o'the milk of human kindness
To catch the nearest way.*

Macbeth I, 7:
Macbeth. We will proceed no further in this business.

DAS WORT „MUCK",
EIN UNICUM IM GANZEN SHAKESPEARE.

BACON'S 252. ANEKDOTE.

R. Bettenham pflegte zu sagen, dass Reichthum dem Mist gliche; wenn er auf einem Haufen läge, gäbe er nur einen Gestank und übeln Geruch; aber wenn er über den Grund ausgebreitet würde, dann wäre er die Ursache zu vieler Frucht.

ERKLÄRUNG.

Das Wort „*muck*" (Mist) kommt im ganzen Shakespeare nur ein einziges Mal vor. Und dieses eine Vorkommen ergiebt, ganz wie in der Bacon'schen Anekdote, einen Vergleich mit Reichthümern.

Coriolan II, 2:
> Auf Kostbarkeiten schaute er, als wären
> Sie der gemeine Mist der Welt.

ORIGINAL-BELEGE ZUR 252. ANEKDOTE.

Mr. Bettenham used to say: That riches were like muck; when it lay npon an heap, it gave but a stench and ill odour; but when it was spread upon the ground, then it was cause of much fruit.

Coriolanus II, 2:
> *And look'd upon things precious as they were*
> *The common muck of the world . . .*

——— ———

BACON'S SCHLUSS-ANEKDOTE.

BACON'S 280. ANEKDOTE.

EIN Epikuräer prahlte damit, dass Verschiedene von andern philosophischen Sekten später Epikuräer geworden wären, dass aber niemals ein Epikuräer sich zu irgend einer andern Sekte bekehrt hätte. Worauf ein Philosoph, der von einer andern Sekte war, sagte; der Grund wäre klar, denn Hähne könnten zu Kapaunen gemacht werden, aber niemals könnten Kapaune zu Hähnen gemacht werden.'

ERKLÄRUNG.

Sechsmal im Ganzen wird die Philosophie Epikurs in den Shakespeare-Dramen erwähnt; stets aber mit derselben Verachtung, stets in Verbindung mit dem Gedanken an prahlerisches Nichtskönnen, an Unfruchtbarkeit, an Kapaunenthum. „Er ist ein rechter Epikur", heisst es verächtlich von dem Schwachkopfe Lepidus (Antonius und Cleopatra II, 7). Pompejus spöttelt in derselben Tragödie (II, 1) über die „Epikuräischen Köche" des Antonius in Ägypten. Macbeth (V, 3) spricht spöttisch von den „englischen Epikuren". Am auffälligsten aber ist die Gedankenübereinstimmung mit „Lear" und mit der Figur des Falstaff.

Gonerill, eine der schlimmen Töchter des König Lear, zeiht die Ritter ihres Vaters fälschlich des „Epikuräerthums". Die Folge ist, dass der Alte in furchtbar deutlichen Worten, die Tochter zur Unfruchtbarkeit verwünscht.

König Lear I, 4:

Lear: Hör' mich, Natur, hör', theure Göttin, höre!
Heb' deine Absicht auf, wenn du drauf sannst,
Je fruchtbar diese Kreatur zu machen!
Verleihe ihrem Schooss Unfruchtbarkeit!
Vertrockn' ihr die Organe der Vermehrung,
Und nie entspring' ihrem entarteten Leib
Ein Säugling, sie zu ehren!

Die Figur aber, bei der sich in den „Shakespeare-Dramen" die Gedanken „Epikur" und „Kapaun" am nächsten stehen, ist der dicke Prahlhans und Gutschmecker, der alte verliebte, aber in seiner Verliebtheit ungefährliche Falstaff. „Was für ein verdammter Epikuräischer Schurke ist das!" heisst es in den „Lustigen Weibern", und in „Heinrich IV." hören wir Falstaff über die „Unfruchtbarkeit" philosophiren und erfahren nicht weniger als vier Mal, dass seine Lieblingsspeise „Kapaunen" sind. Auch das dreimalige Vorkommen des Wortes *„sect"* in der Anekdote ist für den Liebhaber von Wortspielen (und ein solcher war Bacon-Shakespeare) sehr bezeichnend. Sect und Kapaunen *(sack and capons)* sind des grosssprecherischen Epikuräers Falstaff (Sir John, Jack, Sir Sack) Lieblingsnahrung. Wer die Falstaffrollen genauer studirt, wird finden, dass die Worte „Epikuräer, prahlen, Philosoph, Sekt, bekehren (wenden), Grund, klar, Kapaunen" *(Epicurean, vaunt, philosopher, sack (sect) turn, reason, plain, capons)* sämmtlich geradezu Falstaff-Haupt- und Merkworte sind. Sie sind es ebenso wie die oben erörterten Worte „Jack, auf und nieder, Köpfe, Sir John, Ritter, Spassmacher".

Diese letzte, 280. Anekdote der Originalausgabe von 1625 hat uns somit zu derselben Figur zurückgeführt, von der die 1. Anekdote ausging. Mit den Anspielungen auf Jack Falstaff, den aufsteigenden Streber und Prahlhans, beginnt das Buch Bacon's, mit den Anspielungen auf Falstaff, den prahlenden Epikuräer, Kapaunen- und Sektliebhaber, schliesst es.

Seine Lordschaft hat durch diese Anekdotensammlung auf das Glänzendste bekundet, dass er auch noch wenige Monate vor seinem Tode ein ächter und ganzer Humorist war. Wer, so frage ich nochmals, konnte 280 Anekdoten, diese 280 Anekdoten, aus dem Kopfe zu Papier bringen, ohne ein Buch anzurühren? Wer anders als nur der Eine, der zugleich der Shakespeare-Dichter war?

FRANCIS BACON-SHAKESPEARE.
NACH VAN SOMER.

ORIGINAL-BELEGE ZUR 280. ANEKDOTE.

There was an Epicurean vaunted, that divers of other sects of philosophers did after turn Epicureans, but there was never any Epicurean that turned to any other sect. Whereupon a philosopher that was of another sect, said: The reason was plain, for that cocks may be made capons, but capons could never be made cocks.

Antony and Cleopatra II, 7:
He is a very epicure (Lepidus).

Antony and Cleopatra II, 1:
Epicurean cooks
Sharpen with cloyless sauce his appetite.

Macbeth V, 3:
English epicures.

King Lear I, 4:
Gonerill.   Epicurism and lust — — —

Lear. Hear, nature, hear; dear goddess, hear!
Suspend thy purpose, if thou didst intend
To make this creature fruitful!
Into her womb convey sterility!

Dry up in her the organs of increase;
And from her derogate body never spring
A babe to honour her!

Merry Wives of Windsor II, 2:
Ford. *What a damned Epicurean rascal is this!*

1. *Henry IV. I, 2: capons ... a cold capons leg*

1. *Henry IV. II, 4: to carve a capon and eat it*
                  a capon ... 2s. 2d.

1. *Henry IV: Sir John Sack and Sugar.*
                  ... give me a cup of sack ...
                  ... fill me a bottle of sack ...
                  Item, Sack, two gallons ... 5s. 8d.
                  Item, Anchovies and sack after supper ... 2s. 6d.

2. *Henry IV. II, 4: So is all her sect ...*

* * * * * * * * * * * * * * *

CAPRICCIO.

EIN Dichter, dem alle Töne, vom bittersten Ernst des Lebens bis zur übermüthigsten Freude am Dasein, zur Verfügung stehen, darf sich mit gutem Rechte erlauben, auch hie und da mit Worten zu spielen. Untergeordnet ist und bleibt ja derartige Spielerei stets; aber sie wird da, wo grosse Gedanken und Gestalten den festen Kern bilden, auch tüchtigen Geistern als heiteres Beiwerk willkommen sein.

Und so ist es denn unzweifelhaft: Francis Bacon hat sich in seiner Anekdotensammlung, neben den vielen tiefen Gedanken - Erklärungen und -Parallelen, die sie zu den Shakespeare - Dramen bietet, den Scherz gemacht, eine grosse Menge von Shakespeare - Titeln, Shakespeare- Figuren und Shakespeare - Requisiten wie in lustigem Maskentreiben vor uns aufmarschiren zu lassen. Es geschah dies auch ganz im Sinne seiner Zeit, die reicher war als andere an Allegorien, an Wort- spielen, an Maskeraden, an Anonymen und Pseudonymen, an Geheim- wissenschaften und Geheimschriften. Die Anekdoten bieten das Mittel, in schneller Aufeinanderfolge Hunderte von Personen und Worten ver- schiedenster Art durcheinander zu tummeln. Mit Leichtigkeit vermochte ein Geist wie der Bacon's, unter diesen Hunderten Dutzende von Haupt- personen aus seinen Dichtungen und Hunderte von Nebenpersonen und Dingen vorzuführen, ohne bei der Menge Verdacht zu erregen, dem wissenden und ahnenden Gemüthe aber sein Dichter - Pseudonym ent- larvend.

Scheinbar ganz harmlos beginnt die Vorrede mit den Worten „Julius Caesar". Und doch sind diese Worte zugleich der Titel einer Shakespeare - Tragödie. Eine der Anekdoten bietet uns die Wort- zusammenstellungen „Richard der Zweite" und „Heinrich der Vierte" — Titel zweier Shakespeare - Historien. Fünf Mal kommt das Wort zur Verwendung, das den Titel des ersten der Shakespeare- Lustspiele bildet: „Sturm"; dreimal sehen wir in Verbindung mit diesem Worte eine Schiffbruchscene geschildert. An einer Stelle der Anekdoten finden wir die Worte „Zwei Edle" neben einander und einen Anklang an eine Stelle aus den „Zwei Edeln von Verona". An einer andern Stelle die Worte „Viel Lärm" und einen Anklang an das Lustspiel „Viel Lärm um Nichts". An einer dritten Stelle das Wort „Kaufmann" und einen Anklang an den „Kaufmann von Venedig". Die 9. Anekdote gedenkt unter dem blossen Worte „König" König „Heinrichs des Achten" und giebt einen Anklang an die gleichnamige Bühnendichtung.

Fänden sich Worte wie Hamlet, Lear, Macbeth, Othello in der Anekdotensammlung, so würde das einem plumpen offenen Geständnisse gleichgekommen sein. Die eben genannten Tragödientitel wird man also vergeblich unverhüllt in dem Bacon'schen Buche suchen. Wohl aber finden sich ausser den obengenannten acht unzweifelhaften Titeln von Shakespeare-Dramen (ein 9. in der Schluss-Anekdote dieses Buches!) noch folgende mehr oder weniger deutliche Einzelbrocken von Shakespeare-Titeln: Antonius, Julia, Titus, Mohr, Johann, König, Leben und Tod, Weiber, lustig, viel Lärm, um, nichts, verloren, Liebe, Nacht, inmitten, Sommer, zahm, was, ihr wollt, Sieben-Nächte, Vierzehn-Nächte, endet, wie euch, gefällt es, gemessen, Winter, Märchen...

Dies die Anklänge an Shakespeare-Titel. Wir betonen nochmals: im Wesentlichen nur Anklänge. Denn Richard II., Heinrich IV., Julius Caesar, Antonius sind zwar auch in der Person identisch mit den gleichnamigen Shakespeare-Gestalten; „Kaufmann", „Zwei Edle", „Viel Lärm" und anderes deutet klar auf die Gedanken der Lustspiele hin; aber die Julia der Anekdote ist eine andere als Romeo's; Titus, der Mohr, Johann stehen nicht in direkten Beziehungen zu den gleichnamigen Shakespeare-Gestalten, sondern sind (soviel ich bis jetzt ergründen konnte) in dieser Zusammenstellung nichts als Kling-Klang.

Aber dies alles erst die Einleitung zu dem allgemeinen grossen rauschenden Maskentaumel. In buntem Drängen und bei klingendem Spiele tauchen sie nun vor uns auf, die Mengen von Shakespeare-Einzelnamen und huschen im Tanzeswirbel oder auch in drollig-feierlichem Paradeschritt an Auge und Ohr vorüber. Es begegnen uns in den Bacon-Anekdoten nach und nach folgende Shakespeare-Namen: Sir John (ein Ritter und Spassmacher), Jack, Elisabeth, Angelo, Isabell, Alonso, Adrian, Francis, Essex, Karl, Michael, Robin Goodfellow (=Puck), Demetrius, Prüfstein, Thomas, Peter, Abraham, Aeneas, Agrippa, Cassius, Cicero, Claudius, Lysimachus, Cornelius, Pompejus, Posthumus, Browne (= Biron), Graf Oxford, Sir Thomas Moore, Gaunt, Green, Erzherzog, Louis, Philip, Anna

Bullen, Mylord von Canterbury, Gardiner der Bischof von Winchester, Eduard, Rivers, Say, Alcibiades, Alexander, Lucullus, Metellus, Cajus, Cato, Pace, Scot, Arragonien. Wir begegnen ferner den charakteristischen Bezeichnungen: Statthalter, Novize, Lieutenant, Jude, Wucherer, Herzog (Doge), Marquise, Senat, Senator. Wir sehen: Könige, Königinnen, Fürsten, Prinzen, Grafen, Lords, Ladies, Ritter, Matrosen, Seeleute, Kardinäle, Erzbischöfe, Bischöfe, Priester, Prälaten, Mönche, Gefangene, Henker, Athener, Griechen, Römer, Ägypter, Spanier, Franzosen, Engländer, Bürger, Plebejer, Volkstribunen, Kommandeure, Generäle, Gouverneure, Kapitäne, Offiziere, Soldaten, Gesandte, Höflinge, Edelleute, Pagen, den Parlamentshof, Räthe, Richter, Sekretäre, Redner, Peers, Adel, Doctoren, Ärzte, Zauberer, Dichter, Maler, Gelehrte, Schulmeister, Musikanten, Kammerfrauen, Diener, Verschwender, Parasiten, Bastarde, Rebellen, Philosophen, Epikuräer, Apotheker, Statuen, Stewards, Väter, die ihre Söhne begraben, Söhne, die ihre Väter begraben, Sklaven, Boten, Hofnarren, Narren, einen Teufel, eine Buhlerin, die in einer Tragödie spielt, und Hexen. Auch solche Worte, die in den Shakespeare-Dramen zur Bezeichnung der gemeineren Geister angewendet werden, schlagen uns häufig an's Ohr; Worte wie: Quickly (Hurtig), Dull (Dumm), Blunt (Plump), Shadow (Schatten), Silence (Schweigen), Simple (Einfalt), Courtisane etc. Aber auch damit nicht genug. Vielmehr hören wir noch von einer Menge von Dingen in den Anekdoten, die uns lebhaft an die gleichen Gegenstände in den Dramen erinnern. Wer dächte beim Lesen der Anekdoten 184 und 185, die beide vom „Salischen Gesetz" handeln, nicht an den Beginn der Shakespeare-Historie „Heinrich der Fünfte"? Und die Worte der 141. Anekdote: „ich habe die Nachtigall selbst gehört", sollen sie uns nicht an „Romeo und Julia" erinnern dürfen? Und das „Kissen" *(pillow)* in „Heinrich dem Vierten" (siehe 2. Anekdote)?! Und die Bill in „Heinrich dem Fünften" (s. 3. Anekdote)?! Und der Krönungszug (4. Anekdote)?! Und die Worte: Epikuräer, Sect, Kapaunen?! Und die Worte: Tragödie, Personen, spielen, recitirt, erdichtet, verkleidet, nachgeahmt, Handlungen *(acts)*, Theile, Humor, Fabel, Parabel, Sentenz, Verse, Zuschauer, beklatscht?!

Wahrlich, ein ganzer Shakespeare-Carneval ist es, den uns dieser Lord Bacon, „ohne ein Buch aufzuschlagen" aus dem Kopfe hergezaubert hat! Doch still, — mir ist, als hörte ich das süsse „Eiapopei" unseres Felix Mendelssohn erklingen, und gleich darauf wird es von dem

drolligen Handwerkermarsche abgelöst. Der Mondschein glitzert, leichte
Feeen wirbeln, der muntere Puck schlüpft über die Bühne, der ver-
wandelte Weber erscheint mit seinem Eselskopfe, ich sehe und höre
die Proben zu „Pyramus und Thisbe", und in den Ohren klingen mir
die Anekdotenworte: Mitten, Sommer, Nacht, Herzog, Königin, Demetrius, Athen, Athener, Robin Goodfellow,
kostbare Droguen, ausgepresste Kräuter, Spinnweb,
Bottom (der Weber), Wand, Mörtel, Mann, Mond, Laterne,
Dornen, Hörner, Ohren, verwandelt, Blasebalg, Schneider, Kesselflicker...
Der Fasching ist zu Ende. — Wir danken Euch, Meister Bacon.
Aber, Meister Bacon, bedenkt, was werden gewisse Herren dazu sagen,
wenn Ihr, ein streng wissenschaftlicher Mann, solche Scherze treibt?!
Werden sie nicht die Köpfe schütteln, wenn Ihr in der Wissenschaft
auch der Phantasie, der Dichtung und dem Humor eine vollgiltige
Stelle einräumt?!
Meister Bacon aber scheint so etwas geahnt zu haben. Wenigstens
deutet die Stelle der Anekdoten, wo er die erste Hälfte seines Dichterpseudonyms SHAKE-SPEARE, ich meine das Wort „SHAKE", ganz
unverhüllt und gleich nacheinander zwei Mal anwendet, darauf hin. Es
ist die 21. Anekdote. Sie lautet:
„Viele Leute, besonders solche, die sich recht wichtig geberden,
haben eine Art nach anderer Leute Rede ihre Köpfe zu schütteln *(shake)*.
Sir Lionel Cranfield pflegte zu sagen, Das wäre, wie wenn die Leute
eine Flasche schüttelten *(shake)*, zu sehen, ob noch irgend welcher
Witz in ihrem Kopfe wäre oder nicht."

ORIGINAL-BELEGE.

(Die meisten der nachstehenden Worte kommen in den 280 Anekdoten zwei, drei Mal und
öfter vor, manche auch zehn, zwölf Mal und noch mehr, das Wort Caesar nicht weniger als
22 Mal, darunter 4 Mal als Julius Caesar. Siehe Anhang 1.)

*Julius Caesar, Richard the second, Henry the fourth,
tempest, storm, two gentlemen, much ado, merchant,
King (Henry VIII.), Antonius, Julia, Titus, Moore,
John, King, life and death, wives, merry, nothing, about,
lost, love, night, midst, summer, tame, you will, what,
seven-night, fort-night, ends, you, like, as, it, measured,
winter, tale, Sir John (a knight, a buffone), Jack.
Elizabeth, Angelo, Isabell, Alonso, Adrian, Francis,
Essex, Charles, Michael, Robin Goodfellow, Demetrius,
touchstone, Thomas, Peter, Abraham, Aeneas. Agrippa,
Cassius, Cicero, Claudius. Lysimachus, Cornelius. Pom-*

*pey, Posthumus, Browne, My Lord of Oxford, Sir Thomas
Moore, Gaunt, green, Archduke, Lewis, Philip, Anne
Bullen, my Lord of Canterbury, Gardiner, Bishop of
Winchester, Edward, rivers, say, Alcibiades, Alexander,
Lucullus, Metellus, Cajus, Cato, Pace, Scot, Arragon,
deputies, novice, lieutenant, Jews, userer, Duke, marquisse, senate, senator, King, Queen, prince, Count,
Lord, lady, knight, mariners, seamen, Cardinal, Archbishop, Bishop, priest, prelates, friar, prisoners, hangman, Athenians, Grecians, Romans, Aegyptian, Spaniard, French, England, citizens, plebejans, tribune of
the people, commander, general, governors, captains,
officer, soldiers, embassadors, courtiers, noblemen, page,
court of Parliament, counsellor, judges, secretaries,
orator, Peers, Nobility, Dr., physician, necromancer,
poets, painter, scholars, schoolmen, musicians, waiting
women, servants, prodigal, parasites, bastards, rebels,
philosopher, Epicurean, apothecaries, statua, steward,
sons did bury their fathers, fathers did bury their sons,
slaves, messenger, jester, Fool, devil, a whore playing
in a tragedy, witches, quickly, dull, blunt, shadow,
silence, simple, courtesan, law Salique, I have heard the
nightingale herself, pillow, Bill, coronation, Epicurean,
sect, capons, tragedy, persons, playing, recited, feigned,
counterfit, disguised, acts, part, humour, fable, parable,
sentence, verse, that come to look on, looker on, applauded, midst, summer, night, Duke, Queen, Athens, Athenians, Robin Goodfellow, precious drugs, herbs ...
crushed, cobweb, bottom, wall, mortar, man, moon,
lanthorn, thorns, horns, ears, transformed, bellows,
tailor, tinker ......*

21. ANEKDOTE.

*Many men, especially such as affect gravity, have a manner after
other men's speech to shake their heads. Sir Lionel Cranfield would
say, That it was as men shake a bottle, to see if there were any
wit in their head or no.*

✳ ✴ ✳ ✴ ✳ ✳ ✴ ✳ ✴ ✳ ✳ ✳ ✳ ✳ ✳ ✳

ENDE GUT, ALLES GUT

UND

EINES ANDERN MANNES WITZ;

ETWAS ÜBER PSEUDONYME UND DIE SPECK-ANEKDOTE.

DIE SCHLUSS-ANEKDOTE
IN DR. RAWLEY'S AUSGABE LAUTET:

ALS seine Lordschaft diese Anekdotensammlung b e e n d e t hatte, schloss er mit den Worten: So, nun ist a l l e s g u t: man sagt, der ist kein weiser Mann, der seinen Freund um seinen Witz verlieren will; aber der ist noch weniger ein weiser Mann, der seinen Freund verlieren will um e i n e s a n d e r n M a n n e s W i t z.

ERKLÄRUNG.

Dass Dr. Rawley die Anekdotenausgabe von 1661 gegenüber der von 1625 absichtlich verändert hat, haben wir zur Genüge gesehen. Er hat viele Anekdoten unterdrückt, er hat neue eingefügt, er hat die alten umgestellt, er hat viele Namen unterdrückt und verwischt, er hat einige Namen hinzugefügt, er hat verschiedentlich am Stile geändert. Mit gutem Vorbedachte haben wir damals hinzugefügt, dass wir nicht entscheiden möchten, ob in guter oder böser Absicht. Die Veränderungen der vier ersten Anekdoten schienen entschieden den Zusammenhang mit den Shakespeare-Dichtungen verwischen zu wollen, die obenangeführte Schlussanekdote, 1661 von Rawley hinzugefügt, scheint das Gegentheil zu bezwecken. Denn einmal enthält sie in den Worten „beendet" und „alles ist gut" ziemlich unverblümt den Titel des Shakespeare-Lustspiels „Ende gut, Alles gut". Dann aber die eigenthümlichen Schlussworte, er will keinen Freund „um eines andern

Mannes Witz" verlieren. Wir haben im Verlaufe dieser Schrift gesehen, wie Anekdote um Anekdote ihrem Kerne nach in den Shakespeare-Dramen zur Verwendung gekommen ist, wie sich, gemäss der Vorrede, diese „zugespitzten Reden" *(pointed speeches)* in die „längere Rede" *(continual speech)* der Shakespeare-Dichtungen eingeflochten haben. Die Schlussworte „um eines andern Mannes Witz" lassen sich nun zwar auf den Witz der Leute deuten, die in den Anekdoten vorgeführt werden (also: um manchen anderen Mannes, um vieler anderer Leute Witz), ihr Hauptzweck aber ist doch wohl der, auf die Dichtungen hinzudeuten, die seine Lordschaft als „eines anderen Mannes Witz" unter „eines anderen Mannes Namen" herausgegeben hatte.

Diese Deutung stimmt auch vortrefflich mit dem überein, was Bacon's Freund Matthews im Jahre 1623 einem Briefe an seine Lordschaft, geschrieben vom Kontinent, als Nachschrift hinzufügt:

„Nachschrift. Der wunderbarste W i t z, den ich je unter meinem Volke und diesseit der See (auf dem Kontinente) kennen gelernt habe, ist von Eurer Lordschaft N a m e n, obgleich er bekannt ist u n t e r e i n e m a n d e r n."

Hier, im Briefe, das direkte Aussprechen der Thatsache: „Witz unter eines andern Namen", dort, in der Anekdote, die deutliche Anspielung auf „eines andern Mannes Witz" und „Ende gut, Alles gut".

Das Annehmen der Namen Verstorbener und das Miethen der Namen von Lebenden war im 17. Jahrhundert in literarischen Dingen etwas durchaus nicht Seltenes. Es war ein sorgfältigeres Verstecken, als das Annehmen eines frei erfundenen *nom de guerre.* In Morhof's dickleibigem, lateinisch geschriebenen, encyklopädischen Werke *„Poly-histor"* (Gesammtausgabe vom Jahre 1708), IX. Kapitel „Über Pseudonyme und Anonyme" beginnt der erste Satz über falsche Namen mit den Worten: „Pseudonyme sind, die einen Namen erlügen; indem sie entweder ihre Geisteskinder andern, sei es Todten, sei es Lebenden, unterschieben; oder . . ." und nun erst folgen die übrigen, jetzt meist gebräuchlichen Arten der Pseudonymität: Erfinden von Namen, Silben- und Buchstaben-Umsetzung von Namen etc. Zwei Seiten später lesen wir in demselben „Polyhistor": „Es giebt auch welche, die es vorsetzlich dulden, dass ihre Bücher unter anderer Namen in's Volk gehen, entweder damit sie sich verbergen können, wenn die Schrift eine gefährliche ist, oder damit sie anderer Urtheile sicherer erforschen können." Ganz in demselben Sinne hören wir Francis Bacon darüber reden, wie man es macht, um sich vor dem Neid zu verbergen, ja wir haben in dieser Vorschrift sogar das Wort „Bühne" nebst Hindeutungen auf die Natur des Strohmanns. In Bacon's Essay „Vom Neid", 1625 zum ersten Male gedruckt, steht folgender Abschnitt: „Endlich, um diesen Theil zu beschliessen; wie wir zu Anfang erwähnten, dass der A k t des Neides

etwas von Hexerei an sich hat, so giebt es auch kein anderes Heilmittel des Neides als das Heilmittel der Hexerei; und das ist, das
Geschick abzuwälzen (wie sie es nennen) und auf einen andern zu
übertragen. Zu welchem Zwecke die weisere Art grosser Personen
immer jemanden auf die Bühne bringt, auf den man den Neid
hinleitet, der auf sie selbst kommen würde; zuweilen auf Minister und
Diener; zuweilen auf Kollegen und Gefährten; und dergleichen; und
für dieses Verdrehen fehlt es nie an einigen Personen von heftigen
und unternehmenden Naturen, die, um nur Macht und Geschäft zu
haben, es übernehmen werden zu irgend welchem Preis." Im Essay
„Von Geschäften" wird ein solches Geschäft, wo man sich derartige
Männer als Stellvertreter wählt, eines genannt, „that doth not well
bear out itself" (res, quae aliquid iniqui habent, was sich nicht gut
selbst durchsetzen lässt, Dinge, die etwas Gefährliches, Unebenes,
Schiefes an sich haben). Der Essay vom Neide giebt also direkt das
Rezept, wie man sich einen Strohmann miethet; und da darin die
Theaterausdrücke „Akt", „Person", „auf die Bühne bringen" so leb-
haft in den Vordergrund treten, so dürfen wir mit gutem Rechte annehmen, dass Bacon beim Niederschreiben dieser Zeilen (1625!) nicht
einen beliebigen Strohmann, sondern seinen Theater-Strohmann im
Sinne hatte.

Schlagen wir den vor ungefähr zweihundert Jahren gedruckten
dicken Folianten des Placcius auf „Placii Theatrum Anonymorum et
Pseudonymorum", so erblicken wir auf dem Titelblatte einen grossen
Kupferstich. Dieses Bild stellt das Innere einer Bibliothek dar. Die
Wände sind dicht mit Büchern besetzt, Gelehrte kommen und gehen,
von der Decke des Saales herab nach den Büchergestellen rechts und
links sind Seile gezogen, an denen, wie beim Maskenverleiher, Gesichts-
larven hängen. Ein Bibliothekar ist damit beschäftigt, den verschiedenen
Gelehrten Larven aufzuprobiren.

Eine solche Larve war denn auch der grosse Kopf, den wir diesem
Buche als Beilage hinzugefügt haben; ein solcher, erst lebender, dann
todter Strohmann, war für Francis Bacon, den gelehrten Hofmann und
Lordkanzler, und für seine kühnen, gedankenvollen und freimüthigen,
also gefährlichen Dichtungen der Stratforder Schauspieler. —

Ein ebensolcher lebender Strohmann war in unserem Jahrhunderte
der Orientale Mirza Schaffy für den deutschen Dichter Friedrich Boden-
stedt und seine reizenden, verliebten Lieder. Und als nach Jahren der
Dichter selbst bekannt gab, die Lieder seien Originaldichtungen seines
eigenen Herzens, kein einziges stamme von seinem alten Lehrer Schaffy,
da trat der drollige Fall ein, dass es ihm die Welt nicht glauben wollte.
Leicht ist die Menge durch eine Maske zu täuschen, und fest hält sie an
dem nun einmal Geglaubten. —

Die Ungunst der Zeiten, der böse Wille Einzelner und übergrosse Verheimlichungssucht scheinen nicht wenig dazu beigetragen zu haben, dass die Thatsache, Bacon ist Shakespeare, so lange verborgen oder vergessen worden ist. Unbegreiflich ist ein solches Vergessen durchaus nicht. Wurden doch im Laufe der Zeit nicht nur Menschen und Bücher vergessen (darunter auch grosse Menschen und bedeutende Bücher), sondern sogar ganze Wissenschaften und bedeutende Theile von Wissenschaften. Wem es eine Freude ist, mit den Geistern früherer Jahrhunderte zu verkehren, der sieht, wieviel des edelsten und besten Denkens und Könnens in dem von oberflächlichen Geschichtsschreibern so viel gepriesenen Waffenlärm dieser jüngsten Jahrhunderte vergessen worden ist, wieviel des Guten schläft und seiner Wiedererweckung harrt.

— — — — — — — — — — — — — — — — — —

Einer späteren Ausgabe von 1671 waren wieder einige neue Anekdoten beigefügt, darunter die von Sir Nikolas Bacon und dem witzigen Diebe. Über diese „Hang-hog-Bacon"-Anekdote und ihre wörtliche Verwendung in den „Lustigen Weibern von Windsor" habe ich Seite 296 und 297 des „Shakespeare-Geheimniss" berichtet. Hier in der Kürze Folgendes: Die Anekdote erzählt, wie ein Verbrecher, der *Hog* (Schwein) heisst, Sir Nikolas Bacon's Gnade in Anspruch nimmt, „wegen Verwandtschaft" von *Hog* (Schwein) und *Bacon* (Speck). Jawohl, antwortet Bacon, aber erst dann, wenn ihr gut gehängt seid. (Das Bild der hängenden Speckseite.) — Dieser Scherz vom Vater unseres Dichter-Gelehrten findet sich wieder in den „Lustigen Weibern von Windsor": „Hängeschwein ist Lateinisch für Speck" *(Hang-hog is Latin for Bacon)*. Die betreffende Scene wurde erst in die Folioausgabe von 1623 eingeschoben (Akt IV. Scene 1). Sieben Jahre nach des Schauspielers Tode wird sie zum ersten Male gedruckt.

ORIGINAL-BELEGE
ZU DR. RAWLEY'S SCHLUSS-ANEKDOTE.

His lordship when he had finished this collection of Apophthegms, concluded thus: Come, now all is well: they say, he is not a wise man that will lose his friend for his wit; but he is less a wise man that will lose his friend for another man's wit.

Toby Matthews Postscriptum:
P. S. The most prodigious wit that ever I knew of my nation, and of this side of the sea, is of your Lordship's name, though he be known by another.

Danielis Georgi Morhofi Polyhistor. Tom. I, pag. 79:
Pseudonymi sunt, qui nomen mentiuntur; sive suos foetus aliis vel mortuis vel vivis supponant; vel ...

Polyhistor. I, 81:
Non desunt, qui datâ operâ libros suos aliorum nomine exire in vulgus patiantur, ut vel latere possint, si periculosa scriptio sit, vel aliorum judicia securius scrutari possint.

Bacon's Essay „Of Envy":
Lastly to conclude this part; as we said in the beginning that the act of envy had somewhat in it of witchcraft, so there is no other cure of envy but the cure of witchcraft; and that is, to remove the lot (as they call it) and to lay it upon another. For which purpose the wiser sort of great persons bring in ever upon the stage somebody upon whom to derive the envy that would come upon themselves; sometimes upon ministers and servants; sometimes upon colleagues and associates; and the like; and for that turn there are never wanting some persons of violent and undertaking natures, who, so they may have power and business, will take it at any cost.

Bacon's Essay „Of Negociating":
... business that doth not well bear out itself.

Merry Wives of Windsor IV, 1:
Hang-hog is Latin for Bacon.

CHARAKTERISTISCHE WORTE,

DIE DEN BACON-ANEKDOTEN UND DEN SHAKESPEARE-DRAMEN GEMEINSAM SIND.

A. Eigennamen.

Abraham, Adrian, Aeneas, Agrippa, Alcibiades, Alexander, Alonso, Angelo, Anne Bullen, Antonius, Arragon, Blunt, Bottom (der Weber), *Browne* (ursprüngliche Form des Namen Biron), *Caesar, Cajus, Mylord of Canterbury, Cassius, Cato, Charles, Cicero, Claudius, Cobweb* (Spinnweb), *Cornelius, Demetrius, Dull* (Dumm), *Edward, Elizabeth, Essex, Francis, Gallus, Gaunt, Green, Henry, Henry the fourth* (Heinrich der Vierte), *Hercules, Isabell, Jack, John, Julia, Julius, Julius Caesar, Lewis,* (Louis, Ludwig), *Lucullus, Lysimachus, Matthew* (Matthäus), *Metellus, Michael, Oxford, Pace, Page, Paris, Peter, Philip, Pompey* (Pompejus), *Posthumus* (der Nachgeborene), *Quickly* (Hurtig), *Richard the second* (Richard der Zweite), *Rivers, Robin, Robin Goodfellow* (Puck), *Say, Shadow* (Schatten), *Silence* (Stille), *Silver* (Silber), *Simple, Sir John a knight and a buffone* (Sir John ein Ritter und Spassmacher), *Sir Thomas Moore, Sir Walter, Stephen Gardiner Bishop of Winchester* (Stephan Gardiner der Bischof von Winchester), *Sylvius, Thomas, Time* (die Zeit), *Titus, Touchstone* (Prüfstein).

B. Gattungsnamen.

Aegyptian, Ancient, Apothecary, Archbishop, Archduke, Army, Athenian, Bastard, Bishop, Boy, Brother, Captain, Cardinal, Chancellor, Chaplain, Child, Citizen, Commander, Concubine, Counsellor, Count, Courtezan, Courtier, Daughter, Deputy, Devil, Doctor, Dr., Duke, Dutch, Embassador, Emperor, Eng-	Aegypter, Fähnrich, Apotheker, Erzbischof, Erzherzog, Heer, Athener, Bastard, Bischof, Knabe, Bruder, Hauptmann, Kardinal, Kanzler, Kaplan, Kind, Bürger, Befehlshaber, Buhlerin, Rath, Graf, Courtisane, Höfling, Tochter, Stellvertreter, Teufel, Doktor, Dr., Herzog, Holländisch, Gesandter, Kaiser, Eng-

lish, Epicurean, Father, Fathers that bury their sons, Favorite, Fifth, Fool, Fourth, French, Friar, Friend, General, Gentleman, Gentleman-usher, Gentlewoman, Governor, Grand-child, Grecian, Guard, Hangman, Head, Husband, Jester, Jew, Judge, Justice, Keeper, King, Kinsman, Knight (Sir), Lady, Lieutenant, Lord, Maid, Majesty, Man, Mariner, Marquisse, Master, Merchant, Messenger, Moon, Mo-ther, Mr., Musician, a Necromancer (who is a friend of books), Nobility, Nobleman, Novice, Officer, Orator, Page, Painter, Parasite, Peasant, Peer, People, Philosopher, Physi-cian, Plebejan, Poet, Predecessor, Prelate, Priest, Prince, Prisoner, Prodigal, Queen, Queen-Mother, Quintus, Rebel, Roman, Sailor, Satyr, Scholar, Schoolman, Scot, Seaman, Secretary, Secundus, Se-nate, Senator, Servant, Sixth, Six-tus, Slave, Soldier, Son, Sons that bury their fathers, Spaniard, Spirit, Statesman, Statua, Steward, Strum-pet, Successor, Syracusan, Tailor, Tinker, Tribune of the people, Tyrant, Userer, Waiting-woman, Whore, Wife, Witch, Woman, Youth.

lisch, Epikuräer, Vater, Väter, die ihre Söhne begraben, Günstling, der Fünfte, Narr, der Vierte, Fran-zösisch, Mönch, Freund, Feldherr, Edelmann, Kammerdiener, Kam-merfrau, Gouverneur, Enkelkind, Grieche, Wache, Henker, Häupt-ling, Gatte, Hofnarr, Jude, Richter, Richter, Wärter, (Bewahrer,) Kö-nig, Verwandter, Ritter, (Anrede: Sir), Edelfrau, Lieutenant, Lord, Mädchen, Majestät, Mann, Matrose, Markise, Meister, Kaufmann, Bote, Mond, Mutter, Mr., Musiker, ein Zauberer, der ein Freund von Büchern ist, Adel, Edelmann, No-vize, Offizier, Redner, Page, Maler, Schmarotzer, Bauer, Pair, Volk, Philosoph, Arzt, Plebejer, Dichter, Vorgänger, Prälat, Priester, Fürst, (Prinz), Gefangener, Verschwender, Königin, Königin-Mutter, Quintus, (der Fünfte), Empörer, Römer, Ma-trose, Satyr, Gelehrter, Schulmann, Schotte, Seemann, Sekretär, der Zweite, Senat, Senator, Diener, der Sechste, Sixtus, Sklave, Soldat, Sohn, Söhne, die ihre Väter be-graben, Spanier, Geist, Staatsmann, Bildsäule, Aufwärter, Dirne, Nach-folger, Syrakusaner, Schneider, Kesselflicker, Volkstribun, Tyrann, Wucherer, Kammerfrau, Buhlerin, Weib, Hexe, Frau, junger Mensch.

C. Ortsnamen.

Alexandria, Asia, Asia Minor, Athens, Chamber, Chapel, Court, Court of Parliament, England, Flo-rence, France, Graecia, Greece, a dissolute house, Marketplace, Rome, Sea, Sicily, Street, Syracusa.

Alexandrien, Asien, Klein-Asien, Athen, Zimmer, Kapelle, Hof, Par-lamentshof, England, Florenz, Frankreich, Griechenland, ein lüder-liches Haus, Marktplatz, Rom, See, Sicilien, Strasse, Syrakus.

D. Charakteristische Gegenstände, Thatsachen, Redewendungen und poetisch - dramatische Stichworte.

Act, ado, all is well, another man's wit. Apophthegmes, applaud, balance, battle, bellows, bill, bottle, camp, capon, come to look on, coming in of Henry the fourth, contention, coronation, critic, crown, counterfeit, crushed drugs and herbs, debts, deposing of Richard the second, disguise, dog, dregs, drown, ducats, ears, ends, fable, feign, fight again, fortnight, foul . . . fair, horns, humour, if he like it, imagine, jacks, kernel, lanthorn, law Salique, lex talionis, life and death, lookers on, love, lost, measured, merry, midst, miracle, mortar, much ado, muck, mucrones verborum, night, nightingale, nothing, Only one was silent, parable, part, party, person, pillow, place and authority, play, pointed speeches, prose, raven, rebellion, recite, sect, sentence, seven-night, shake, shipwreck, storm, summer, tale, tame, tempest, sea tempestuous, tent, This collection his Lp. made out of his memory, without turning any book (Dr. Rawley), thorn, Tower, tragedy, transformed, twelve, two gentlemen, verse, wall, war, where you will, winds, winter, wives, the first whore in a tragedy.

Handlung (Akt), Lärm (Zuthun), Alles ist gut, eines andern Mannes Witz, Anekdoten (offene Geständnisse), Beifall klatschen, Wage, Schlacht, Blasebalg, Gesetzvorschlag, Flasche, Lager, Kapaun, zum Zuschauen kommen, Einzug Heinrichs des Vierten, Kampf, Krönung, Kritik, Krone, nachahmen, gepresste Drogen und Kräuter, Schulden, Absetzung Richards des Zweiten, verkleiden, Hund, Hefen, ertrinken, Dukaten, Ohren, endet, Fabel, erdichten, wieder fechten, vierzehn Tage, hässlich . . . schön, Hörner, Humor, wenn es ihm gefällt, vorstellen, Jacks (Plectra), Kern, Laterne, Salisches Gesetz, Recht der Wiedervergeltung, Leben und Tod, Zuschauer, Liebe, verloren, gemessen, lustig, inmitten, Wunder, Mörtel, viel Lärm, Mist, Wortspitzen, Nacht, Nachtigall, nichts, Nur eine schwieg, Parabel, Theil, Partei, Porson, Kissen, Platz und Autorität, spielen, gespitzte Reden, Prosa, Rabe, Empörung, recitiren, Sekte (Sekt), Ausspruch, sieben Tage, schütteln, Schiffbruch, Sturm, Sommer, Märchen, zahm, Sturm, stürmische See, Zelt, Diese Sammlung machte seine Lordschaft aus dem Gedächtnisse, ohne ein Buch anzurühren (Dr. Rawley), Dorn, Tower (die Veste von London), Tragödie, verwandelt, zwölf, zwei Edle, Vers, Mauer, Krieg, wo ihr wollt, Winde, Winter, Weiber, die erste Buhlerin in einer Tragödie.

E. Beispiel eines Personen-Verzeichnisses eines Shakespeare-Dramas, wie es sich aus dem Wort- und Gedankenschatze der Bacon-Anekdoten zusammenstellen lässt.

Die Personenverzeichnisse zu einigen der Dramen lassen sich mit diesem Reichthume von Eigennamen, Gattungsnamen und Örtlichkeiten, den die 280 kurzen Anekdoten bieten, fast vollständig herstellen, z. B. die zu „Sturm", „Lustige Weiber", „Maass für Maass", „Sommernachtstraum", „Wie es euch gefällt", „König Johann" u. a. Historien und Tragödien. Als Beispiel hier der Theaterzettel zum ersten der Lustspiele der Folioausgabe von 1623, „Der Sturm", zusammengestellt aus dem Wort- und Gedankenvorrath der Bacon-Anekdoten:

Das Personenverzeichniss des Lustspiels „Der Sturm",
WIE ES WIRKLICH IST,
nebst den Hauptcharakterzügen der Personen.

DER STURM.

PERSONEN.

ALONSO, KÖNIG von Neapel.

Sebastian, sein BRUDER.

Prospero, der RECHTMÄSSIGE HERZOG von Mailand. Ein ZAU-
BERER, DER EIN FREUND VON BÜCHERN IST, ein PHI-
LOSOPH, ein GELEHRTER, ein VATER, ein MEISTER.

ANTONIO, sein BRUDER, der unrechtmässige HERZOG von Mailand.

Ferdinand, SOHN des KÖNIGS von Neapel.

Gonzalo, ein ehrlicher ALTER RATH.

ADRIAN, ein LORD.

FRANCISCO, ein LORD.

Caliban, ein wilder und missgestalter SKLAVE, Prospero's DIENER,
ein BASTARD, SOHN des TEUFELS und einer HEXE, die
über STÜRME herrscht und den RABEN zum Vogel hat,
HÄSSLICH, BETRUNKEN.

Trinculo, ein HOFNARR, BETRUNKEN.

STEPHANO, ein BETRUNKENER Kellermeister *(butler)*. Dieser Stephano nennt sich im vierten Akte einen *JACK*, worauf ihn
Trinculo als *PEER* anredet, also wie Jack Cade *(Sir Mortimer)*
ein *Jacks-peer*.

SCHIFFSMEISTER.

MATROSEN, SEELEUTE. BURSCHEN MIT GALGENGESICHTERN,
BETRUNKEN.

MIRANDA, genannt WUNDER, TOCHTER des Prospero, ein zartes
MÄDCHEN, als KIND mitverbannt.

Ariel, ein Luft-GEIST. Ein DIENER Prospero's, beherrscht er die
WINDE, erzeugt den STURM und den SCHIFFBRUCH, ist
MUSIKER.

GEISTER. GÖTTER. SCHNITTER.

Zwei HUNDE, einer davon heisst SILBER, ein anderer TYRANN.

BASTARDE. SATYRE.

I. Akt, 1. Scene, 1. Seite der grossen Shakespeare-Ausgabe von 1623: Schiffbruch
in einem grossen Sturm. Ein alter Rath unterhält sich an Bord des Schiffes mit den
Matrosen, betrunkenen Burschen mit Galgengesichtern. Die Matrosen fangen an zu beten.

In der 2. Scene erzählt Prospero, der Freund des Alonso, wie innig er seine
Bibliothek liebt.

In der 2. Scene weint Ferdinand um seinen Vater Alonso; der Grund ist: weil
Weinen nichts hilft.

Das Personenverzeichniss des Lustspiels „Der Sturm" nebst den Hauptcharakterzügen der Personen,

WIE ES SICH AUS DEM WORT- UND GEDANKENSCHATZE DER BACON-ANEKDOTEN RECONSTRUIREN LÄSST.

DER STURM.

PERSONEN.

ALONSO. KÖNIG. (ITALIEN.)
BRUDER.
RECHTMÄSSIG. HERZOG. (ITALIEN.) ZAUBERER, DER EIN
   FREUND VON BÜCHERN IST. PHILOSOPH. GELEHRTER.
   VATER. MEISTER.
ANTONIUS. BRUDER. HERZOG.
SOHN. KÖNIG. (ITALIEN.)
ALTER. RATH.
ADRIAN. LORD.
FRANCIS. LORD.
SKLAVE. DIENER. BASTARD. SOHN. TEUFEL. HEXE.
   STÜRME. RABE. HÄSSLICH. BETRUNKEN.
HOFNARR. NARR. BETRUNKEN.
STEPHANO. FLASCHE. BETRUNKEN. JACK. PEER.
SCHIFF. MEISTER.
MATROSEN, GEMEINE UND LIEDERLICHE BURSCHEN. SEE-
   LEUTE. BETRUNKEN.
MIRAKEL. WUNDER. TOCHTER. MÄDCHEN. KIND.
GEIST. DIENER. WINDE. STURM. SCHIFFBRUCH. MUSIKER.
GEISTER. GÖTTER. BAUERN.
HUNDE. SILBER. TYRANN.
BASTARDE. SATYRE.

Die 32. Bacon-Anekdote erzählt von Stürmen, Schiffbrüchen, Ertrunkenen und Geretteten.

Die 33. Bacon-Anekdote erzählt von einem Schiffbruche bei grossem Sturm. Ein alter Weiser unterhält sich an Bord des Schiffes mit den Matrosen, gemeinen und liederlichen Burschen. Die Matrosen rufen die Götter an.

Die 257. Bacon-Anekdote erzählt gleichfalls von einem Gelehrten, der während eines Sturmes sich an Bord eines Schiffes mit den Seeleuten unterhält.

In der 105. Anekdote nennt sich ein König Alonso einen grossen Zauberer, der von den Todten Rath holt, indem er damit die Bücher meint.

In der 92. Anekdote weint Solon um seinen Sohn; der Grund ist: weil Weinen nichts hilft. — —

Hunderte von anderen, wissenschaftlichen Gleichheiten zwischen „Sturm" und Bacon (über die Pan-Parabel, Bastarde, Bewegungsarten, Geschichte der Winde, Unvergänglichkeit und Kreislauf des Stoffes, Schallarten. Musik etc. etc.) in meinem „Shakespeare-Geheimniss", Seite 9—23.

Das Personenverzeichniss des Lustspiels „Der Sturm" nach dem Wortlaute der englischen Originalausgabe von 1623:

The Tempest.

Alonso, K. of Naples.
Sebastian his Brother.
Prospero, the right Duke of Millaine.
Anthonio his brother, the usurping Duke of Millaine.
Ferdinand, Son to the King of Naples.
Gonzalo, an honest old Councellor.
Adrian, & Francisco, Lords.
Caliban, a salvage and deformed slave.
Trinculo, a Jester.
Stephano, a drunken Butler.
Master of a Ship.
Boate-Swaine.
Marriners.
Miranda, daughter to Prospero.
Ariell, an ayrie spiris.

Iris
Ceres
Juno } *Spirits.*
Nymphes
Reapers

Das Personenverzeichniss des Lustspiels „Der Sturm", reconstruirt aus Worten der englischen Originalausgabe der Bacon-Anekdoten von 1625 (erschienen Weihnachten 1624):

The Tempest.

Alonso. King. Italy.
Brother.
Lawful. Duke. Italy. A Necromancer, who is a friend of books.
Philosopher. Scholar. Father. Master.
Antonius. Brother. Duke.
Son. King. Italy.
Old. Counsellor.
Adrian. Lord.
Francis, Lord.
Slave. Servant. Bastard. Son. Devil. Witch. Storm. Tempests.
Raven. Foul. Drunk.
Iester. Fool. Drunk.
Stephen. Bottle. Drunk. Jack. Peer.
Ship. Master.
Mariners. Wicked and dissolute fellows. Seamen. Drunk.
Miracle. Wonder. Daughter. Maid. Child.
Spirit. Servant. Winds. Storm. Tempest. Shipwreck. Musician.
Spirits, Gods. Peasants.
Dogs. Silver. Tyrant.
Bastard. Satyrs.
Sea tempestuous. Sail. Drowned. Saved. Wheep. etc. etc.

F. Reconstruction des Verzeichnisses der Shakespeare - Dramen - Titel aus dem Wortschatze der Bacon - Anekdoten.

(Siehe die zweite Beilage am Ende dieses Buches.)

ZUSAMMENSTELLUNG
DER AUFFÄLLIGSTEN THATSACHEN.

A Allgemeines.

1623 Erscheinen der ersten Shakespeare-Dramen-Gesammtausgabe (Sieben Jahre nach des Schauspielers Tode).

1625 Erscheinen der Anekdotensammlung Bacon's (Ein Jahr vor Bacon's Tode, neun Jahre nach des Schauspielers Tode).

Bacon bezeichnet das Sammeln von charakteristischen Worten *(Promus* oder Speicher), das Erwägen von Für und Wider *(Pro et contra, Antitheta)*, die Übung des Variirens *(Analogia)*, die Übung, von einem Gegenstande zum andern weiterzustreben, das Sammeln von kurzen Redewendungen und Anekdoten als bisher vernachlässigte, aber nothwendige und nützliche Vorbereitungen zu grösseren Arbeiten und Reden.

Bacon nennt die Anekdoten „Apophthegmen", „*mucrones verborum*", „*pointed speeches*", Selbstbekenntnisse, zugespitzte Reden, Sentenzen, Wurfspeere, die in längere Reden eingefügt werden können.

Aus den Kernen dieser Anekdoten, sagt Bacon, selbst der gemeinen, lässt sich viel Nutzen ziehen, wenn man sie recht verwendet.

Ganz auffällige willkürliche Veränderungen, Weglassungen und Namensunterdrückungen nimmt Sekretär Dr. Rawley, der Herausgeber der zweiten Auflage der Anekdoten, 1661 vor.

Zuletzt die so einfach klingende, aber so sehr schwer wiegende Bemerkung: Bacon machte die Sammlung „aus dem Gedächtniss, ohne ein Buch anzurühren". Es sind 280 Stück.

8*

B. Einzelheiten

in alphabetischer Reihenfolge.

ABSETZUNG. Die Absetzung Richards des Zweiten.

ALLES GUT. Die Worte „*all is well*" und „*finished*" (alles ist gut und beendet); also der ganze Sinn und der halbe Wortlaut eines Lustspieltitels

BÄUME. Der Vergleich von Staatsmännern mit grossen Bäumen.

BILL. Die erste Bill in „König Heinrich dem Fünften".

BLUTEN. Verbindung der Gedanken „Frisches Bluten der Wunde, wenn der Mörder nahe tritt" und „Liebeserklärung".

CADE. Das Verhalten des Volksbeglückers Jack Cade.

EIN ANDERER. Die eigenthümliche Schlussanspielung „eines andern Mannes Witz".

FALSTAFF. Anfang und Schluss der Anekdoten, Nr. 1 und Nr. 280, stehen in Bezug zu derselben Dramenfigur, zu Sir John Falstaff, genannt Jack und Sack, dem grosssprecherischen Kapaunen- und Sekt-Ritter.

FLUCHT. Der Falstaff-Gedanke: wer flieht, kann wieder fechten.

HANDSCHRIFT. Die fast unleserliche Handschrift des Schauspielers.

HÄSSLICH UND SCHÖN· Der nächste Weg und das Wortspiel auf hässlich und schön *(foul and fair))*. Macbeth.

HEREINKOMMEN. Das Hereinkommen Heinrichs des Vierten.

ISABELL. Der Name Isabell in Verbindung mit dem Gedanken an ein empfehlendes Äussere. Maass für Maass.

JACKS. Das Auf- und Niedersteigen der Jacks und der Köpfe. Heinrich IV., Heinrich VI. 2. Theil. Richard III.

JACKS. Die Wortspiele mit „*Jacks*", mit „*shake*" (schütteln,) und „*Peer*"

JULIUS CÆSAR. Der Beginn des Buches mit den Worten „Julius Caesar".

JULIUS CÆSAR. Das sehr häufige Vorkommen der Worte in den Anekdoten: Julius 4 Mal, Caesar 18 Mal, Julius Caesar 4 Mal.

KAUFMANN. Das Wort „*merchant*" (Kaufmann) nebst Anklängen an das Lustspiel.

KISSEN. Das Kissen Heinrichs des Vierten.

KISSEN. Das Kissen der *Doll* (Dorothea).

KLÄGER. Die halsstarrigen Kläger; der geprellte Spanier und der geprellte Jude. Kaufmann von Venedig.

KLEINE GEISTER. Das Vorkommen der grossen Menge von Worten, die den Bezeichnungen der kleinen Geister in den Dramen entsprechen und mit ihrem Thun in Verbindung stehen: *Bottom* (der Weber im Sommernachtstraum), *Cobweb* (Spinnweb, einer der Miniaturgeister im Sommernachtstraum), *Dull* (Dumm, der Konstabler in Verlorne Liebesmüh), *Jack* (der Spitzname für John Falstaff und John Cade), *Jester* (der Hofnarr, siehe „Sturm" u. a. a. O.), *Jew* (Jude, siehe Kaufmann von Venedig), *Pompey* (Pompejus, Diener in Maass für Maass), *Quickly* (Frau Hurtig in den Lustigen Weibern, Heinrich IV. und Heinrich V.), *Robin Goodfellow* (Puck, eine Hauptfigur des Sommernachtstraums), *Shadow* (Schatten, ein Rekrut in Heinrich IV. 2. Theil), *Silence* (Stille, ein Richter in Heinrich IV. 2. Theil), *Silver and Tyrant* (Silber und Tyrann, Hundenamen im Sturm), *Simple* (Einfach, ein Diener in den Lustigen Weibern), *Touchstone* (Prüfstein, der Name des Narren in „Wie es euch gefällt"), *Witches* (Hexen, siehe Macbeth), *bellows* (Blasebalg, siehe Sommernachtstraum), *capons* (Kapaunen, siehe Heinrich IV.), *debts, ducates* (Schulden in Dukaten, siehe Kaufmann von Venedig), *lanthorn* (Laterne, siehe Sommernachtstraum), *law Salique* (salisches Gesetz, siehe Heinrich V.), etc.

KRÖNUNGSZUG. Die Petition Sir John's im Krönungszuge.

LARVE. Die larvenartige Grösse und Starrheit des Porträts auf der Folioausgabe der Shakespeare-Dramen.

MIST. Das einmalige Vorkommen des Wortes Mist (*muck*) in den Anekdoten und in den Dramen und seine Gedankenverbindung.

NACHTIGALL. Die Nachtigall hören. Romeo und Julia.

NETZE. Das Netzwerk der Gesetze.

PACE. Die Anwendung des Namens Pace, eines Narren, der seine Vorgesetzten öffentlich kritisirt.

PLATZ UND AUTORITÄT. Heinrich IV. 2. Theil.

PLECTRUM. Das zweimalige hochbedeutsame Vorkommen des Wortes „*Plectrum" (Jack)* in Bacon's Encyklopädie.

RAWLEY. Das Vorkommen von Versen in der Kaufmann-Anekdote und ihr Verwischen durch Rawley.

SAVILL UND LONGAVILLE. Die ähnlichklingenden Namen der Hofherren Savill und Longavill, die beide für Prosa schwärmen. Reim.

SCHREIBKUNST. Die Unkenntniss der Schreibkunst in des Schauspielers Familie.

SEESTURM. Das dreimalige Vorkommen von Anekdoten, in denen ein Seesturm geschildert wird. Jedes Mal hören wir, ganz wie in der ersten Lustspielscene einen Gelehrten sich mit den gemeinen Seeleuten unterhalten.

SIR JOHN. Die Zusammenstellung der Worte „*Sir John*" mit den Worten „*a knight*" und „*a buffone*" (ein Ritter und ein Spassmacher).

SÖHNE. Das Vorkommen der Wendung: „Söhne begrüben ihre Väter" *(sons did bury their fathers)* und die eigenthümliche Personenbezeichnung in Heinrich VI. 3. Theil: „ein Sohn, der seinen Vater getödtet hat" *(a son that has killed his father)* und ihn begraben will.

TEMPEST. Das fünfmalige Vorkommen des ersten Lustspiel-Titels „*Tempest*" (Sturm), immer in der Bedeutung von Seesturm. Überdies: *storm, winds, sea tempestuous* (Sturm, Winde, stürmische See).

TRAMPELN. Stolz trampelt Stolz, Zwei Edle von Verona.

VÄTER. Das Vorkommen der Wendung: „Väter begrüben ihre Söhne" *(fathers did bury their sons)* und die eigenthümliche Personenbezeichnung in Heinrich VI. 3. Theil: „ein Vater, der seinen Sohn getödtet hat" *(a father that has killed his son)* und ihn begraben will.

VERÄNDERUNG. Das Deutlichermachen der Thatsachen durch die nachträgliche Veränderung der Anekdote über „Das Buch von der Absetzung Richards des Zweiten und dem Hereinkommen Heinrichs des Vierten" *(The book of deposing Richard the second, and the coming in of Henry the fourth)*.

VERS. Die Eigenthümlichkeit des Verses auf dem Titel der Folioausgabe der Shakespeare-Dramen.

VIEL LÄRM. Die Wortverbindung „viel Lärm" *(much ado)* und der Anklang an das Lustspiel.

VIELSEITIGKEIT. Die ungeheure Vielseitigkeit und Abwechselung der Anekdoten, die in ihrem Figuren-, Farben- und Gedankenschiller eine Shakespeare-Welt im Kleinen darstellen.

WAS IHR WOLLT. Die Wortverbindung „*where you will*" (wo ihr wollt), gleich in der Vorrede.

WEINEN. Der Grund des Weinens. Sturm.

WEINEN. Weinen um Nichts. Hamlet

WIE ES EUCH GEFÄLLT. Die Wortverbindung „*if he like it*" (wenn es ihm gefällt) ein Anklingen an den Lustspieltitel „*As you like it*" (Wie es euch gefällt).

ZAUBERER. Ein Zauberer, der ein Freund von Büchern ist. Vergleiche Prospero im „Sturm".

ZWEI EDLE. Die Wortverbindung „zwei Edle" *(two gentlemen)* und ein Gedankenanklang an das Lustspiel „Die beiden Edeln von Verona" *(The two Gentlemen of Verona)*.

EINIGE BEMERKUNGEN
ÜBER
DAS TITEL-PORTRÄT DIESES BUCHES:
FRANCIS BACON
AM SCHREIBTISCHE.

Das Bild bietet uns wie kaum ein zweites die Individualität Bacon's. Die Züge so ernst und mild, der Blick streng und doch freundlich leuchtend, ein alter Mann und doch voll von heimlichem Feuer der Jugend; so sah er aus, der grösste aller Denker, Dichter und Redner, die die Welt gesehen hat.

Er ist schreibend dargestellt. Die Worte, die wir in dem aufgeschlagenen Buche lesen, beziehen sich auf die innige Ehe, die er zwischen Dingen und Gedanken stiften will.

Dieses Porträt bietet zugleich die bildliche Bestätigung dessen, was das Endergebniss meines wissenschaftlichen Werkes „Das Shakespeare-Geheimniss" ausmacht. Nämlich: die zweite Hälfte seines Lebenswerkes, der vierte, fünfte und sechste Theil seiner *„Magna Instauratio"*, von denen Bacon so viel spricht, blieb nicht (wie die Schulgelehrten angenommen haben) unvollendet, sondern liegt für jeden schärfer denkenden Geist unter dem Titel „Mr. William Shakespeare's Lustspiele, Historien und Tragödien" als gedichtete und in's praktische Leben übertragene Wissenschaft (Phantasiewissenschaft, *Scientia activa, Philosophia activa*) vor. In diesem Sinne hat denn auch der zeitgenössische Künstler auf seinem Kupferstiche den schreibenden Bacon nicht mit drei, sondern m i t a l l e n s e c h s Bänden der „Grossen Erneuerung der Wissenschaften" abgebildet. Sie sind, um diesen Gedanken recht scharf hervorzuheben, alle sorgfältig nummerirt. Nr. I und II liegen auf dem Tische, Nr. III, IV, V, VI stehen auf einem Bücherbrette an der Wand.

Die Unterschrift besagt, dass das Bild den Philosophen darstellt, wie er „diese seine Grosse Erneuerung der Wissenschaften, einem gethanen Gelübde gemäss, bei Lebzeiten anordnete, bestimmte, beschloss" *(hanc suam Instaur. voto suscepto vivus decernebat).*

EIN WORTSPIELSCHERZ
DES TITELBLATTES
DER GROSSEN SHAKESPEARE-AUSGABE
VON 1623.
(Vergleiche 1. Beilage.)

Wie wir gesehen haben, sind es viele Wort- und Gedankenspiele, die die Namen und Gestalten Jack und John in den Bacon-Anekdoten wie in den Shakespeare-Dramen umschweben; Wort- und Gedankenspiele zwischen den Silben

JACK, SACK, SECT, SHAKE, THRUST (Hanswurst, Sekt, Sekte, Schütteln, Werfen) einerseits und den Silben

PEER, PEAR, PERCY, SPEAR, DART (Pair, Birne, Percy, Speer, Wurfspeer) andererseits.

Die Worte *Jack, Sack* etc. sind uns dadurch gleichsam zu Leitworten gestempelt.

Das Porträt des Schauspielers Shakspere auf dem Titelblatte der grossen Folioausgabe, sahen wir, sollte als Jack auftauchen und dazu dienen, den Kopf des wahren Dichters zu verbergen. Dieser stellvertretende Jack war also gleichsam ein Hüter des Geheimnisses; und wir erinnern uns dabei einer Stelle aus Bacon's Encyklopädie, wo es heisst, in rohen Zeiten müsse man neue Gedanken in Form von Parabeln und Gleichnissen vortragen, und so hätten denn „die kostbarsten Dinge oft die verderblichsten Hüter" *(perniciosissimi custodes)*.

Nun findet sich aber in der Tragödie „Coriolan" eine Scene (V, 2), in der der Zugang zum Feldherrn Coriolan durch zwei Wachen behütet wird. Menenius Agrippa verlangt Einlass; *„go back!"* (geht zurück!) ruft man ihm entgegen. Es entspinnt sich ein Hin und Her, in dem nicht weniger als 8 Mal „*back*" und 4 Mal „*go*" gerufen wird. Und als Coriolan selbst dazu kommt, nennt Menenius den Wächter einen „*Jack guardant*" (alte Form: *gardant*), also einen Wacht-Jack, einen Wacht-Hanswurst. — Und diese selben, höchst auffälligen Stichworte „*Jack*" und „*gard*", bezw. „*Jack*" und „*gardant*", die wir schon rein theoretisch auf den Geheimnisshüter Shakespeare und sein Porträt in der Folioausgabe deuten möchten, sie stehen praktisch und faktisch diesem Shakespeare-Porträt mit einer leichten Veränderung wirklich als Unterschrift beigedruckt.

Die Worte unter der grossen Larve lauten:

$$L \; O \; \mathcal{N} \; D \; O \; \mathcal{N}$$

Printed by Iſaac Iaggard, and Ed. Blount. 1623.

Das Wort „London" bezeichnet den Schauplatz aller unserer literarischen Vorgänge, die Worte „*Printed by*" (Gedruckt von) sind die übliche Phrase. Nun erst beginnt die Schelmerei der Unterschrift. Denn in der Mitte dieser zweiten Zeile sehen wir das Wort *IAGGARD* prangen, bez. die Worte *IAGGARD AND*, was mit leiser Veränderung *IACKGARD*, bez. *IACK GARDANT* giebt. Da das Eigenschaftswort „*gardant*" auch noch den Sinn hat: „das Gesicht gegen den Zuschauer gekehrt" *(en face)*, so lassen sich die Worte „*Jack gardant*" sowohl „Wacht-Jack" wie „Jack, der den Zuschauer anschaut" deuten, was beides trefflich zu der Maske mit den klotzenden Augen passt. Und wollen wir noch weiter gehen und sämmtliche Eigennamen in Betracht ziehen

ISAAC IAGGARD AND ED. BLOUNT,

so lässt sich dies im Sinne der Wort- und Sinnspiel-reichen Art Bacon-Shakespeare's ohne grosse Schwierigkeit als Unterschrift dieser Dichterlarve umdeuten in:

I SACK IACK GARDANT & BLUNT
ICH SEKT-JACK-WÄCHTER & PLUMP.

Man sieht, Francis Bacon, der grosse Meister der Kunst des Scherzes und der Verstellung, hatte sich seine Druckernamen mit Bezug auf diesen Demaskirungswortspass wohl ausgewählt und zurechtgelegt.

Diese Jaggard-Unterschrift, die den darübergedruckten Schauspieler als einen dem Weine zugethanen Spassmacher bezeichnet, der dem wahren Dichternamen als Wächter dient, stimmt übrigens wiederum vortrefflich zum Endgedanken des danebenstehenden Titelgedichts: „Leser, sieh nicht auf sein Bild, sondern sein Buch."

Reader, looke
Not on his Picture, but his Booke.

Das Wort *Jack* (Plektrum) aber bietet somit in jedem Sinne die Brücke vom Anfang der 1625 er Anekdotensammlung zum Anfang des 1623 er Dramenbandes und die Brücke von der Prosawissenschaft Bacon's zur dichtenden Phantasiewissenschaft Bacon-Shakespeare's. Unter dem Namen und Bilde eines *Jacks*, eines Plektrums, bietet uns Francis Bacon, wie er es auch in der Encyclopädie zweimal angedeutet hat, die schönsten und reifsten Früchte seines schaffensreichen Lebens.

WILLIAM!

Wir haben im Laufe dieser Erörterungen das grosse Bild des Shakespeare - Foliobandes wiederholt eine Maske, eine Larve genannt; wir haben auch die Wendung gebraucht, Bacon wollte gegen Ende seines Lebens das Visir seines Dichterpseudonyms „Shakespeare" mehr und mehr heben. Wer noch immer an der Richtigkeit dieser Anschauungen zweifeln möchte, der höre jetzt noch eine ganz eigenthümliche Namenerfindung in dem von uns so oft schon citirten Schlussakte von „Heinrich dem Vierten". Der Richter *Shallow* (Schaal) und sein Diener *Davy* (David) unterhalten sich hier von Dingen, die uns zunächst so wenig interessiren, dass sie von jedem Auge überlesen und von jeder Regie ohne Weiteres gestrichen werden. Plötzlich kommen die beiden, ohne dass man recht weiss wie und warum, auf einen Mann mit Namen „William" zu sprechen. Der Name William kommt im ganzen Shakespeare nur äusserst selten vor (z. B. in Verbindung mit dem obenerwähnten Wortspiel in den „Lustigen Weibern": *Hang-hog* ist lateinisch für Bacon), um so auffälliger, wenn dieser William im 2. Theil Heinrichs IV. V, 1 den so sonderbar erfundenen Namen führt:

William Visor of Woncot.

Visor nämlich bedeutet Visir, Maske, Larve; *Woncot* aber oder *Wilmecote* ist ein Dörfchen bei Stratford, dem Geburtsorte des Schauspielers Shakspere.

Nun sind wir nicht gewöhnt, bei einem Dichter wie der der unsterblichen Dramen Albernheiten zu finden. Wäre wirklich ein Mann Namens William Shakespeare aus Stratford der Dichter der Dramen gewesen, so würde uns der Name „William Maske aus der nächsten Nähe von Stratford" als eine blosse Abgeschmacktheit erscheinen. Ist aber (wofür tausende von Gründen an unser Ohr und Herz appelliren) Francis Bacon aus London der Dichter der Dramen, so enthält der wie so ganz zufällig gewählte Name William Visor aus Woncot bei Stratford eine tiefe Bedeutung. Denn William Shakspere aus Stratford war in der That William das Visir, William die Maske, William die Larve, die der unsterbliche Francis Bacon als Dichter brauchte.